個別ケア・ユニットケアのための
介護サービス向上ハンドブック

秋葉都子 編集

組織運営がうまくいく20の視点

中央法規

はじめに

　先日、電車内の広告に「いつものことをシンプルにしていくとデザインになる」というキャッチコピーをみつけました。それは、ある家電製品の広告でした。機能を充実させていった結果、余計なものがそぎ落とされ、見た目もすっきりした素敵なデザインになったというのです。そして、「当たり前のことをプレミアムに！」と続けていました。いつも食べているお惣菜にも、同じようなキャッチコピーの広告がありました。

　なるほど、「ユニットケアも同じだ」と思いました。ユニットケアは、「私が私でいられる＝暮らしが継続できる」施設運営のシステム論といえるでしょう。それは、特別なことではなく、いつも食べるお惣菜感覚で、基本的な「いつもの・当たり前の暮らし」を追求しているからこそ、「あっ、そうなんだ」という新しい発見（理論や方法論）が日々生まれ、より暮らしやすさを追求し続けることができるのです。

　国民的人気を誇る惣菜である唐揚げは、「揚げなくても電子レンジでつくれる」「下味をつけなくとも味の付いた粉がある」など日々研究が進み、進化しています。しかし、サクッとしてジューシーという唐揚げの「基本」は変わりません。

　個人の状態や時代の変化により、暮らし方はどんどん変わっています。したがって、アセスメント項目や建物も変わっていきますが、唐揚げの「基本」のように変わらないものもあります。それは、入居者一人ひとりの「1日の暮らし」に目を向けるケアの視点、そして、そのために何をしていくかです。

　この頃、「ユニットケアは誤解されている」と思うことが多々あります。それは、「ユニットケア＝個室という、ユニットケア建物論」や「ユニットケア＝個別ケアという、ユニットケア単なるケア論」という1つの見方から論じられることです。これらは、間違いではありませんが、ユニットケアは、これらの要素を内包した、施設においても「当たり前の暮らし」ができるようにする施設運営のシステム論です。「当たり前の暮らし」の追求は、目新しいことではないかも知れませんが、普遍的なテーマです。「当たり前」を追い求めるからこそ、単に高価や特別だということではない「プレミアム」が誕生してくるのではないでしょうか。そのためには、追求する心と研究と勉強の積み重ねが大事になるのだと思います。

　「当たり前をプレミアムに」――それは特別なことではありません。当たり前のことが当たり前にでき、自分が納得できる暮らし、それが入居者にとって「プレミアム」なのかもしれません。そのために謙虚に研鑽を積み重ねていきましょう。この書籍は、そのあたり前の暮らしのための軸足を具体的に示したものです。皆様のご参考になることを願っております。

2016年3月
一般社団法人　日本ユニットケア推進センター
秋葉　都子

はじめに

目次

序論
高齢者介護におけるサービスの「質」とは…1

第1章
24時間の暮らしを支えるための基本…5

視点1 理念を浸透させよう…12

1 施設の理念はわかりやすい言葉で表現されていますか…12
2 職員は、施設の理念を理解していますか…14
3 関連法令等は遵守されていますか…16

視点2 入居者の24時間軸での暮らしの情報を知ろう…18

4 入居者のニーズに沿った、24Hシートのデータがありますか…18
5 職員が入居者を知るために、それぞれの24Hシートを把握していますか…20
6 入居者の暮らしの変化にあわせて24Hシートを更新していますか…22
7 入居者の24Hシートの一覧表がありますか…24
8 24Hシートは、ケアプランに連動したものになっていますか…26
9 24Hシートは、ケース記録に連動したものになっていますか…28

視点3 生活単位と介護単位を一致させよう…30

10 ユニットごとに職員を固定配置していますか…30
11 常勤のユニットリーダーが配置され、日中勤務のシフトになっていますか…32
12 夜間は2ユニットに1名以上の勤務体制になっていますか…34

視点4 ユニットごとに勤務表を作成しよう…36

13 勤務表はユニットごとに入居者の暮らしにあわせて作成していますか…36
14 入居者の状況に応じて、勤務の変更が容易にできる仕組みがありますか…38

第2章
住まいの場としてとらえる…45

視点5 居室をその人の部屋にしよう…50

15 落ち着ける場所となるように、居室に入居者が持ち込んだ家具がありますか…50
16 洗面台は、入居者が使いやすい工夫がされていますか…52
17 居室の鍵の使用について、入居者や家族に施設の方針を説明していますか…54

18　居室のドアを、職員の都合で常時開放していませんか…56

視点6　ユニットを暮らしの場にしよう…58

19　玄関は、玄関として認識しやすい設えになってますか…58
20　リビングには、食事の場とくつろぎの場が設けられていますか…60
21　リビングには、入居者が見たり使ったりできる新聞や雑誌、
　　お茶の道具などがありますか…62
22　ユニットには、観葉植物や生花が飾られていますか…64
23　リビングの採光や照明に配慮していますか…66
24　暮らしぶりや人間関係に配慮したテーブルやソファを配置していますか…70
25　各リビングに個性があり、同一の設えにならないようにしていますか…72
26　浴室・脱衣室は、入居者のプライバシーと清潔感に配慮していますか…74
27　トイレは、入居者のプライバシーと清潔感に配慮していますか…76
28　少人数ごとに浴室を配置していますか…78

視点7　地域での暮らしを実感できる場をつくろう…80

29　ユニットを1歩出た場所には、雑談をしたり
　　1人になれる場所がありますか…80
30　趣味や習いごとを楽しめるようサークル、
　　クラブ活動が開催できる場所がありますか…82
31　施設内に街の雰囲気を感じる場所があり、活用されていますか…84

視点8　高齢者の視点にあわせた設えにしよう…86

32　時計や絵画、カレンダー等は、入居者の目線にあうように掲示されていますか…86
33　家では飾らない折り紙や掲示物等が飾られていませんか…87

第 3 章

生活習慣にあわせた暮らし…89

視点9　入居者一人ひとりにあわせた起床・就寝にしよう…94

34　起床・就寝ケアは、入居者一人ひとりの生活習慣や意向を
　　尊重して行われていますか…94
35　着替えは、入居者一人ひとりの生活習慣や意向を尊重して行われていますか…96
36　洗面は、入居者一人ひとりの生活習慣や意向を尊重して行われていますか…98
37　口腔ケアは、生活習慣や意向を尊重し、
　　プライバシーに配慮して行われていますか…100

視点10 　入居者一人ひとりにあわせた食事にしよう…102

38　キッチンまわりには、入居者や家族が使いやすい家電製品を配置していますか…102
39　テーブルやいすの高さは、個人の体格にあわせていますか…104
40　それぞれの入居者が、個人所有の食器を使用していますか…106
41　個人持ち以外の食器は、素材・デザイン等に配慮し、
　　樹脂系の使用を避けていますか…108
42　個人所有の食器はユニットで洗浄し、食器棚で管理していますか…110
43　個人の障害やニーズにあわせた食事を提供していますか…112
44　ユニットで炊飯をしていますか…114
45　ユニットで盛り付けをしていますか…116
46　食事や飲み物の温度は、個人の好みにあわせて提供していますか…118
47　個人所有の食品やユニット管理の食品はありますか…120
48　ユニットのキッチンを炊飯以外で活用していますか…122
49　服薬の基本情報がユニットで閲覧できる仕組みになっていますか…124
50　入居者の服薬について医療職に相談できる体制はありますか…126
51　入居者の調理行為について、職員が理解していますか…128

視点11 　入居者一人ひとりにあわせ、尊厳に配慮した排泄にしよう…130

52　入居者一人ひとりの排泄データをとり、データを根拠としたケアを
　　行っていますか…130
53　排泄ケアとわからない工夫をしていますか…132

視点12 　入居者一人ひとりにあわせ、安心・安全な入浴をしよう…134

54　入浴は、マンツーマンによる介助が行われていますか…134
55　入浴は、入居者一人ひとりの生活習慣・意向を尊重して行っていますか…136
56　使用する浴槽は、入居者の身体状態やニーズにあわせた選択をしていますか…138

視点13 　入居者一人ひとりの身体の状態を知ろう…140

57　入居者のバイタルサインの測定頻度とデータ活用の取り決めがありますか…140

視点14 　家族や地域との関係をつくろう…142

58　入居者や家族には、施設の理念と方針をしっかりと説明し、
　　理解を得るようにしていますか…142
59　入居者や家族の意見や相談を聞く体制と仕組みがありますか…144
60　家族とコミュニケーションを図るための仕組みと工夫がされていますか…146
61　家族は好きなときに訪問や宿泊ができる仕組みになっていますか…148

視点15 暮らしの充実を図ろう…150

62 入居者のニーズを把握したサークルやクラブ活動を企画していますか…150
63 サークル・クラブ活動の講師は、地域資源を活用していますか…152
64 施設の企画・イベント等に、
入居者全員が強制的に参加する仕組みになっていませんか…154
65 入居者が自由に外出できる仕組みがありますか…156

視点16 ユニット費を活用しよう…158

66 ユニットごとにユニット費を設けていますか…158
67 ユニット費は、現場職員の裁量で使用できる仕組みがありますか…160

第 4 章

チームケア…165

視点17 組織体制をつくろう…170

68 組織図は、各職員の基本的な役割が明確になっていますか…170
69 施設の方針に沿った人材育成制度が整備されていますか…172
70 施設内では研修や教育担当者が決まっていますか…174
71 施設の理念に基づいたユニットごとの目標を定めていますか…176
72 各種委員会が組織的な体制のなかで確立・機能していますか…178

視点18 記録を整備しよう…180

73 各職種が同じ書式に記録（一元化）をしていますか…180
74 記録は家族が理解できる言葉で書かれていますか…182
75 個人情報に配慮した記録の管理をしていますか…184
76 記録はユニットで保管（一覧化）していますか…186
77 記録の書き方や取り扱いの教育を行っていますか…188
78 本人や家族から希望があれば、サービス提供の記録等を開示していますか…190

視点19 情報共有の仕組みをつくろう…192

79 ユニット会議やユニットリーダー会議を定期的に開催していますか…192
80 ユニット会議やユニットリーダー会議は、業務時間内に行われていますか…194
81 ユニット会議やユニットリーダー会議の議事録は、
すべての職員が閲覧可能ですか…196

視点20 各職種の役割を明確にしよう…198

- 82 対応が難しかったり、終末期の入居者に、施設管理者が必要に応じてかかわっていますか…198
- 83 施設管理者は、施設全体の様子を把握するために、ユニットへ足を運んでいますか…200
- 84 施設管理者は、入居者の家族との信頼関係を構築するように努めていますか…202
- 85 施設管理者は、地域住民やボランティアと密接な関係を構築するように努めていますか…204
- 86 中間管理職は、すべての入居者の情報の把握に努めていますか…206
- 87 中間管理職は、リーダーシップを発揮し、問題解決に努めていますか…208
- 88 中間管理職は、研修体系の構築等を適切に修正・変更するように努めていますか…210
- 89 中間管理職は、ユニットリーダー会議を主導していますか…212
- 90 ユニットリーダーは、担当するユニットの入居者の暮らしの情報を把握していますか…214
- 91 ユニットリーダーは、上司や他部署と意見交換・連絡調整を行っていますか…216
- 92 ユニットリーダーは、ユニットミーティングを主導していますか…218
- 93 ユニットリーダーは、ユニットの人員配置や労働時間を把握していますか…220

巻末資料…230

執筆者一覧

序　論
高齢者介護における サービスの「質」とは

1　高齢者介護で「質」が問われる理由

　昨今の高齢者福祉の話題は、介護人材不足と介護離職の多い施設やサービスの不足があります。とはいえども、近年、地域によっては「入居者がいない、ベッドが空いている」「入居者の奪い合い」などの声を聴き、2015（平成27）年度から介護保険施設の入居判定基準に重度化要件が加わって、ますます「入居者がいない」という声が多くなってきました。おのずと、「入居できればいい」という需要から「いい施設へ入居したい」へとニーズの変換が想定され、供給側（施設）の運営能力が問われる時代に突入してきました。

　どの産業でも、発展していく（生き残る）要因に、「質」があります。私たちの「ホスピタリティ（心からのもてなし）」、サービスの「質」を学ぶべき手本として、「ホテル」業界があります。ホテルの評価は「リピート率とリファーラル（宿泊者からの紹介）率」にあるといいます。宿泊者に「また、泊まりたい」と思ってもらえる固定客を確保することと、「あのホテルはいい」と口コミ宣伝をしてもらえること、そこが決め手になるようです。

2　利用者にとっての「質」とは

　要介護状態であってもなくても、「私が私でいること」は万人の望みでしょう。そこには、「自由」とか「好きに」という言葉で表されるように、誰かの価値観や生活感等で左右されることはありません。自律（自立）しているときは、自分でその自由を確保できますが、要介護状態になるとそうはいかなくなるのが、世の常です。施設がその要望に応えるには、「一人ひとりへの対応＝個別ケア」が必要になります。どの職員でも一定の対応ができるのは当たり前です。利用者が求める「質」とは、それに＋αの対応があることではないでしょうか。

　例えば、食事です。その人のペース（時間・姿勢）で、その人の茶碗、量、好みの食品等の対応と、その時々の体調や状況に合わせるのは、ユニットケアでは当たり前の支援です。これに、「今日、Aさんは、娘さんがいらっしゃる予定だったが、風邪をひいて来られなくなり、がっかりしているね」という時、いつも持参する「手づくりのふりかけ」を楽しみにしているAさんに、「娘さんの物のようにはなりませんが…」と言いながら代りの品を出す、これが＋αのケア、利用者が求めている「質」になるのではないでしょうか。

3　施設・職員にとっての「質」とは

　施設、職員とも理念の実践が「質」になるでしょう。施設は暮らしの継続の場になる、職員は個別ケアの専門家になることになるでしょう。

　上記のAさんの事例です。今日は誕生日という特別の日で娘さんが「手づくりケーキ」を持参し、一緒に食べることをとても楽しみにしていたとしましょう。来られなくなったという情報は、ユニット職員には伝わります。年1回の主役になるAさんのこの日をどうにかしたいという思いがあれば、ユニット職員は厨房に手づくりケーキをお願いするでしょ

う。厨房も昼ごはんの用意で忙しいですが、事情を理解しつくることができたら、それは素晴らしい対応になります。

この対応は、「自分の部署のことをしていればいい」というセクショナリズムを超えたチームワークが働いてできることです。このように、チームワークのよさが施設の「質」、仲間を信頼できる関係が職員の「質」を向上させます。

4 「質」を向上させるための前提条件

「自分や家族も入りたい」と思えるリピート率と「あの施設はとてもいい」という口コミのリファーラル率の向上には、細かな仕掛け・計画が必要です。

一番は、理念の浸透です。「なぜするのか」という使命感と「何をどうする」という価値・判断基準を全職員に浸透させることから始まります。マニュアルがあれば一定の支援はできますが、心から納得して実践するためには理念が必要です。理念の浸透で、自然な振る舞いができるようになります。企業が犯す最大の罪は、「従業員にビジョンなき仕事をさせること」という話もあります。

次は、多種多様な準備です。某ホテルでは、「サービスは科学です」と言っています。想定できる事項に対しあらかじめ対応策を考え示しておくことと、さまざまな欠陥事項や失敗事項が起きた時は点数化し傾向を示すというのです。サービスは目に見えない、数値化できないと思いがちですが、「見える化」の仕組みをつくり冷静に客観的に判断できるようにすることで、「質」の担保を推進しています。施設サービスも文字化できないという時代から、「見える化＝文字化」になりました。支援の基本的な内容（誰でも一定の支援ができる）はマニュアルとして表し、入居者には24Hシートで根拠を取っていきます。

これらの準備で一定の支援はできますが、サービスの「質」を向上させるには、マニュアルを超える支援がいかにできるかです。

それには、自律した職員の育成が不可欠です。まずは、当事者としての感覚と「なぜ」の感覚をもつ職員の育成です。「このいすでは足がつかず座りづらい」という当事者意識や、「Bさんは、なぜ家に帰ろうとしているのだろうか」というような疑問を常時感じられる職員の育成です。某ホテルでは、「考える前に、お客様の温度を感じなさい」と五感をフル活動する教育を徹底しているそうです。施設では、リビングに生花があることの心地よさを、職員も8時間は暮らしを共有している者として、入居者と同等の立場で感じられることが大事です。

そして、「自分で判断し行動する」職員が求められます。それには、働き方を自由に考えられ、決済権（ある程度のお金を自由に使える）が必要です。このように、職員に裁量をもたせることです。某ホテルでは、＋αのサービスのために、従業員1人当たり「2000ドル」の決済権をもたせているようです。

ユニットケアはその実践を「権限の委譲」として、「ユニットごとの勤務表の作成」と「ユニット費の活用」で進めています。自らの働き方を考え、決済権のなかで自由に活動を広げる仕組みを展開しています。

さて、このような準備でなされる運営で、施設の評価は高まるでしょう。しかし、これは現在の状況で、これから先の運営の保証はありません。世界で事業展開している某ホテルは、「自分たちが目指していることはホテル・カンパニーの運営ではなく、新しいライフスタイルとしてのブランドを確立していくこと」としています。施設運営も、同様と思います。何のための施設運営でしょうか。それは目の前の入居者から、地域の住民から答えを導き出すということでしょう。基礎力をもちえた職員や管理者は、ニーズを知り、それに応えていくことでいろいろな形を生み出す「ホスピタリティ」が実践されると思います。それがこれからの施設の「質」・ブランドになっていくと思います。

第 1 章

24時間の暮らしを支えるための基本

- **視点1** 理念を浸透させよう ……………………………………………… 12
- **視点2** 入居者の24時間軸での暮らしの情報を知ろう ……………… 18
- **視点3** 生活単位と介護単位を一致させよう ………………………… 30
- **視点4** ユニットごとに勤務表を作成しよう ………………………… 36

第1章は、「施設＝暮らしの継続の場」を実践するための基礎（土台）をつくりあげる重要な項目になります。この準備や実践が疎かになると「入居者一人ひとりの個別ケア」の運営は難しいといえるでしょう。
　基礎（土台）の重要性を1件の家を建てていく例で考えてみましょう。
　日本は地震国です。安心して暮らすには、揺れても崩れない安心な地盤と倒れない建物が必要です。そこを補完するのが家の基礎工事です。どんなことをしているのでしょうか。
　日本古来の木造建築では、建築する地盤の強度を調べ、必要があれば土地改良工事をし、安全な地盤に替えていきます。次は、建物を乗せる土台をつくります。その昔は、地面に石を置き、その上に家の骨格になる柱を乗せて建てていました。その結果、柱と建具（障子やドア等）に隙間ができる、障子がよく閉まらない等、経年によりずれが生じ、家が傾くこともありました。このように土台がきちんとしていないとゆがみが生じてきます。
　現代の建築では、建築地面全体にコンクリートを流し、柱を乗せる箇所も面としてつくり込み、建物全体の土台を地面全体の大きな面で支えるようになってきました。また、コンクリートの厚みの幅で安定度を増すことや地面全体をコンクリート化することにより湿気の予防につなげている所もあります。近頃のエコブームでは、コンクリート化した地面に風を送り地熱を利用した空気を家全体に循環させた、環境にやさしい住まいも誕生しています。このように、基礎工事部分で家の安全性や快適さは大きく違ってきます。反対に、家の豪華さは「見た目」の部分が大きいです。基礎工事部分は外観からは想像もできませんし、整備をすればするほど建築コストも高くなり、施主側が、「見た目」を取るか、「基礎」を取るかで状況は大きく変わります。しかし、住んでいる人にとって、どちらが快適かの想像は容易です。このように、いい家は、基礎工事の部分で決まるともいわれています。
　さて、施設運営ではどうでしょうか？　皆さんの施設では、「こんな施設にしたい・こんなケアをしたい」という大きな目標を掲げていることでしょう。では、その実践のための基礎工事は施しているでしょうか。往々にして、福祉業界ではケア論は活発に論じられてきましたが、それを実践するための整備をすることが抜けていたのではないでしょうか。
　施設運営の土台として下記4つの視点をあげました。
・理念を浸透させよう
・入居者の24時間軸での暮らしの情報を知ろう
・生活単位と介護単位を一致させよう
・ユニットごとに勤務表を作成しよう
　施設や事業所の運営は、管理者の指導力が絶大であっても、1人きりでできるでしょうか。どんなにすばらしい職員の集団でも、「よし、これでいこう！」と決断する人がいないと、どんぐりの背比べになり始まりません。そのためには、組織をつくり込むこと、そこから始まります。
　それには、「目指すこと＝理念」を明確に打ち出し、「この指とまれ」のように思いを「共有する人の集まり＝組織」をつくることから始まります。

1 理念を浸透させよう

　管理者の大事な役割として、理念を浸透させることがあります。管理者が大旗を振り、中間管理者が中旗を振り、ユニットリーダーが小旗を振り、職員全員に浸透する仕組みのことです。**図表1-1**は、日本ユニットケア推進センターの管理者研修で管理者に対して行った理念に関する質問調査の結果です。管理者の役割が浸透していない実態がうかがえます。

図表1-1　管理者に対する理念に関する質問調査の結果

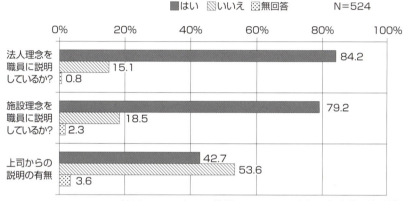

（日本ユニットケア推進センター　平成26年度管理者研修での集計）

　管理者研修でも「なぜ理念が必要ですか？」という質問がよくあります。今までの施設運営を振り返ると「施設を○○にしよう！」という理念よりも、老人福祉法の施設運営基準第2条に「入浴・排泄・食事の介護、相談及び援助…」と示されているように、目指すことがなくとも具体的にすることが明記されているのでそれをすればいい、言い換えると理念を唱えずとも運営ができたのです。介護保険導入前の施設は措置施設でしたので、行政が示した基準に合わせ運営していくことに視点が合わせられていたのかもしれません。

　しかし、今、施設に求められていることは「施設＝暮らしの継続の場・私が私で居つづけられる場」です。そのことを絶えず打ち出していかないと、具体的に何をしたらいいか、工夫も方法も生まれません。目指すことがあるので、課題があっても乗り越えようとする知恵が生まれるのです。それには、理念をわかりやすい言葉にし、具体的な指針（行動指針や事業計画）として示すことが大事で、その役割は管理者にあります。

　ある管理者は「理念は北極星」と言っていました。つまり、不動の星ということです。

2 入居者の24時間軸での暮らしの情報を知ろう

　新たな入居者を迎え入れた時、あなたは何をしますか？

　「利用者本位のケア」をするには、何といっても「どうしたいか？」を入居者に教えていただかないと始まりません。しかし、「どうしたいか？」とは、何のことでしょう。生

活歴・成育歴・ADL…視点はいろいろありますが、それでよかったでしょうか？「ケアが人により異なり困る」「多職種協働がうまくいかない」等の悩みはなかったでしょうか？

この原因は、ケアの視点が統一されていなかったからではないでしょうか。入居者の何を見ていくのか、この視点の整理が重要です。

「暮らしの継続」と言えば、「1日」の積み重ねです（**図表1-2**）。疾患や障害の有無にかかわらず、人は皆同じく1日があります。本来ならば、この1日を「○○のように暮らし続けたい…」という入居者の気持ちや状態のデータ（根拠）がない時に、私たちの支援は存在しません。ケアの視点を「1日の暮らし」に統一し多職種を含め共有を図り、具体的に実行するための手段を講じる必要があります。その手段が24Hシートになります（**図表1-3**）。

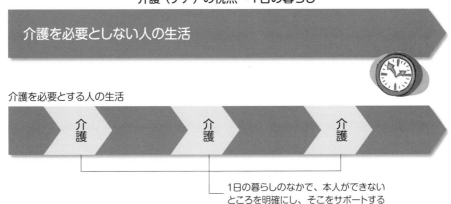

図表1-2　暮らしのサポート

出典：秋葉都子『24Hシートの作り方・使い方——高齢者ケアを変える ユニットケアのアセスメントツール』中央法規出版、2013

24Hシートには、「時間」でケアの視点（1日の暮らし）を表し、「生活リズム」で1日の暮らしぶりを表し、「意向・好み」で暮らしの継続と自立を導いています。「自分でできること」は自立支援のための根拠で、「サポートの必要なこと」は、これらのアセスメント結果に基づき、多職種で支援する内容を記載し、統一ケアの根拠とします。

また、**図表1-4**は、各入居者の暮らしぶりをユニット（生活単位）ごとに一覧化したものです。これは、支援の鳥瞰図になり、人員配置の根拠や急な休みの職員への応援の資料やケアの組み立ての基礎資料等になります。このように、入居者のデータに基づき支援をすることで、本来の「利用者本位のケア」・「個別ケア」につながります。また、運営からすれば、「あの看護師とこの看護師の言うことが違う」や「新人教育で先輩ごとに指導が違う」などということもなく、教育ツールやチームケア、運営管理にも幅広く活用することができます。

そして、入居者や家族へも「ケアの見積書」として提示することで、施設の信用や質の担保につながります。

図表1-3　24Hシートの記入例

時間	生活リズム	意向・好み	自分でできる事	サポートの必要な事
0:00				
7:00〜7:20	○目覚め ・テレビを観る ・電気をつける	・目が覚めてもベッドに15分ぐらいは入っていたい	・テレビ、電気をつける	・7時15分ぐらいに、起きるかどうか声をかけて確認する。
	・起きる		・身体を起こす ・座位保持 ・車いすに移る	・朝は立ち上がりが不安定なことが多いので、座るまで腰部を手で支える
	・トイレ	・起きたらすぐにトイレに行きたい	・車いすに移る ・手すりにつかまり立つ	・ズボンを下げる ・尿取りパッド交換 ・ズボンを上げる
	・着替え	・朝食時は寝衣にカーディガンを羽織りたい	・着替え（上衣のみ）	・どのカーディガンを着るか確認する声掛け ・ズボンの交換をする
	○洗面 ・顔を拭く ・歯磨き ・髪を整える	・湯で絞ったタオル	・顔を拭く	・湯に濡らしたタオルを絞り手渡す
		・歯磨き粉は特定の銘柄 ・うがいはぬるま湯で	・歯磨きとうがい	・うがいの声掛け
			・整髪	
	・リビングに行く		・テレビ、電気を消す ・リビングまで自走する	・カーテンを開ける
7:30	・リビングでテレビを観ながら、牛乳を飲む	・ニュース番組が見たい	・テレビをつける	・テレビのリモコンを手元に置く
		・温かい牛乳が好き	・牛乳を飲む	・レンジで牛乳を温め、手元に置く

出典：図表1-2と同様

図表1-4　24時間の暮らしのデータ一覧表

時間	CDさん	EFさん	GHさん	IJさん	KLさん
0:00					
7:15	目が覚める		リビングに歩いて向かう	着替えをする（介助）	
7:30	ベッドから起きる		お茶を飲む	リビングに車椅子でいく（介助）	リビングに車椅子で向かう
7:45	トイレに行く		テレビを見る	朝食の準備を始める	朝食を食べ始める
8:00	洗面・着替えをする		朝食を食べる	朝食を食べ始める	
8:15		8:20声かけで目が覚める	朝食食べ終わる		朝食終了
8:30	朝食を食べる	ベッドから起きる（介助）	居室に戻る	朝食終了・点眼	口腔ケア トイレに行く（介助）
8:45		トイレに行く（介助）	口腔ケア・着替えをする		リビングへ戻る
9:00	リビングでテレビを見る	朝ごはんを食べ始める	ベッドで一休みする	食堂にて新聞を読む	テーブル席にてすごす

※支援が必要であれば、そのことを書く施設もあります。

出典：図表1-2と同様

3 生活単位と介護単位を一致させよう

　ケアの視点を入居者の「1日の暮らし」にしたとき、あなたは、何人分のデータを覚え、それに基づいて支援ができますか？　**図表1-5**で示すように、大人数を担当すると1人当たりの情報量は少なくなり、少人数だと1人当たりの情報量は多くなります。1人当たりの情報量が多ければ多いほど、きめ細かな支援ができます。このように、入居者の暮らす単位（生活単位）に、同じ職員（介護単位）を配置することで、きめ細かな支援につながります。入居者にしても、「いつもの職員」となり、安心で顔なじみの関係になります。この体制は、グループホームも同様にしており、認知症ケアに有効な体制ともいえます。

図表1-5　情報量の考え方

■情報量の差より、ケア単位を考える（例：情報量500）

集団ケア	個別ケア
「50人×10／人」	「10人×50／人」

個別ケアは、小さく分けなければ困難

■生活単位＝介護単位　→　固定配置・担当制

　人手不足という理由で、大人数や集団のケアにするところがあります。集団でする支援のほうが、ベルトコンベアー方式で効率的と考えられますが、それは、全職員が同じペースで同じように動けるという前提です。しかし入居者は、全員一律の同じ支援を望んでおらず、必要がない時に多くの人出があり、必要な時に必要な人員がいないなどの無駄が生じます。どの職員も一人ひとりが入居者に合わせ、支援することで無駄がなくなり、作業効率も合理的になります。

　また、なじみの関係性であれば、ニーズを知っていますので、先取りケアができ、無駄が少なくなります。一方、ナースコールが鳴ってからの支援は、出たとこ勝負の支援で、コールが重なることもあり、煩雑で人手もかかるようになります。

　近頃では、同様の理論により、看護師もユニット担当制にするところが増えてきています（1人の看護師が数ユニットを担当）。

4 ユニットごとに勤務表を作成しよう

　なぜ、「業務優先」の働き方になってしまうのでしょうか。その最大の原因は、「ケアの視点を1日の暮らしに合わせてアセスメントしていない」ことにあるといえるでしょう。本来得るべき入居者の情報の不足により、職員都合が必然的に前面に出てきてしまうのです。

　よって、上記のようにケアの視点を統一し、24Hシートで入居者のデータ（根拠）を知り、

なじみの関係の職員を配置し、それに合わせた勤務表を作成することが一番無駄のない稼働方法になります。言い換えれば、ユニットごとの職員体制で、そこの勤務者で勤務表を作成し、自由に可変できる体制を組むということになります。勤務表作成の変遷を**図表1-6**に示し、作成のポイントを**図表1-7**に示します。

「一律○％の人件費の削減」という視点ではなく、「細やかに無駄のない動きを求める＝入居者の１日の暮らしに合わせた職員の配置」が入居者にとっても、職員にとっても一番であることがわかると思います。

図表1-6　勤務表作成の変遷

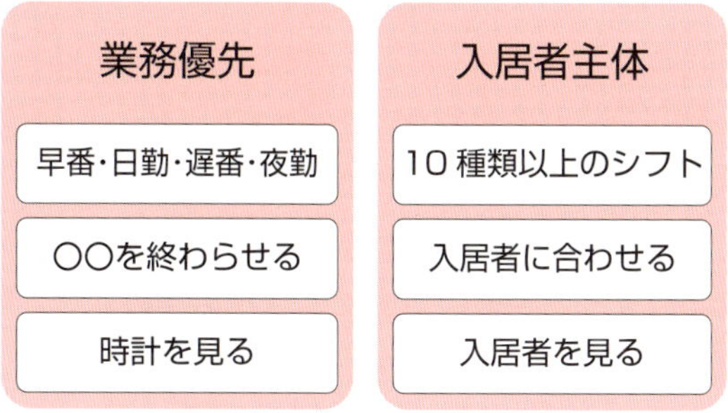

業務優先	入居者主体
早番・日勤・遅番・夜勤	10種類以上のシフト
○○を終わらせる	入居者に合わせる
時計を見る	入居者を見る

図表1-7　勤務表作成のポイント

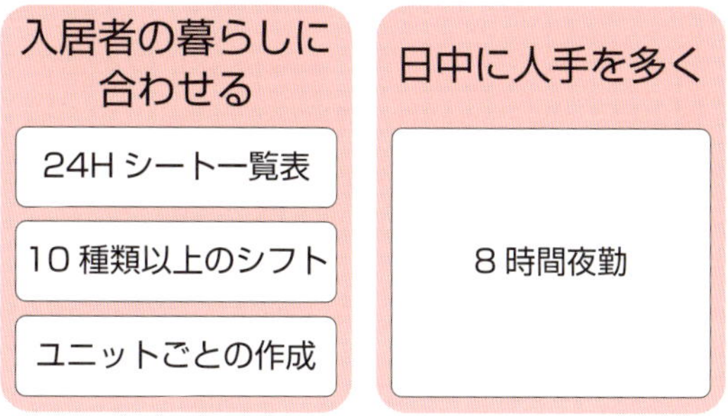

入居者の暮らしに合わせる	日中に人手を多く
24Hシート一覧表	8時間夜勤
10種類以上のシフト	
ユニットごとの作成	

さて、土台づくりの理論は理解できましたでしょうか。その詳細は続く各論に示します。

視点 ❶ ……………………………………………………………… 理念を浸透させよう

01 施設の理念はわかりやすい言葉で表現されていますか

❓ 考え方

　どんなことでも「何に向かって進むのか」がわからないと前に進めないでしょう。理念は前に進むためにあります。しかしその理念がわかりづらいものであったらどうでしょうか。せっかく目指すことを示すものなのに、何もわからなくなります。わかるための工夫、それが必要です。何のために理念があるのかを理解できれば工夫はいくらでもできます。

✔ 実施に向けたチェックポイント

- 「高齢者の尊厳の保障」や入居者一人ひとりの暮らしの継続が盛り込まれた「自施設の理念」がパンフレット・行動指針・事業計画書等に掲載されているか
- 「自施設の理念」をケア方針や教育指針等で、わかりやすくするために、具体的にどのようなケアをすればよいかイメージできるように示しているか
- 理念とケアマニュアルを連動させ、一つひとつのケアが具体的に書かれているか（例：食事の場面であれば、何を大事にして、具体的にどのようにケアをしていけばよいかわかるものになっているか）
- 施設管理者は、全職員に対し理念をどのような方法で伝えているかを説明することができるか（年1回以上は、書類等以外で直接「自施設の理念」について話している等）
- ユニットリーダーは、施設管理者が職員に理念をどのような方法で伝えているかを理解しており、説明することができるか

Q 職員全員に「高齢者の尊厳の保持」「自施設の理念」を具体的なケアに例えて理解させるにはどうすればよいでしょうか？

A 困難事例の検討会に参加し、このケースは施設の理念に照らし合わせ、どうしたらよいか関係者で検討する機会を大切にするとよいでしょう。どうしたらよいか悩んでいる事例に対して理念をつなげていくことで、理念の理解が進みます。検討会を継続していくことで理念が浸透していきます。

理念を施設の方針として職員に浸透することの効果

　例えば、盛り付け配膳について、入居者の意向・好みを尊重することに、消極的な職員がいるとします。おそらく日々の業務に追われてそれどころではないと思うからでしょう。ここは施設長のマネジメントが要求されるときです。施設の理念は「施設は暮らしの継続の場」として、その理念に基づいたケアマニュアルで再度研修会を開催します。そして、暮らしの継続のために盛り付けはどうしたらよいか、グループワークで導きます。自ずと「意向・好みにあわせる」となってくると思います。そうすれば、機械的な支援ではなく、「なぜ、そうするのか」理解した支援になり、さらに入居者一人ひとりにあわせて支援するようになっていくでしょう。

理念をわかりやすくする工夫のヒント

　時々、基本理念が、意味不明のものや憲法前文のように長くて、どう考えても覚えにくいものがあります。それぞれ法人にこだわりもあると思いますができるだけ理念が浸透するためには、職員が覚えやすい簡単明瞭な言葉に見直すことも今後のことを考えると必要かもしれません。もう1つは行動指標として、理念をわかりやすい言葉におきかえることです。

　また、理念に基づいて、暮らしを支えるためのさまざまな取り決めも、職員手帳や、ターミナルケアの指針等で明文化することは、行動の裏付けとなることや風化させてはならない目標を共有する意味でお勧めです。

視点 ❶ 　　　　　　　　　　　　　　　　　　　　　　　理念を浸透させよう

02 職員は、施設の理念を理解していますか

❓ 考え方

理念を共有することで、同じ方向を向くことができます。企業では目指すこと（理念）を必ず掲げています。理念は単に言葉を覚えていれば、唱和できればよいのではありません。理念の意味することが何なのか、全職員で共有できてこそチームケアが成り立ちます。そのためには、施設管理者が旗を振り、職員に意味を伝え続け、本当に伝わったか確認することが必要です。

✔ 実施に向けたチェックポイント

- 職員は、「自施設の理念」もしくは目指しているケアを説明することができるか
- 職員は、理念がなぜ重要か（理念が何のためにあるか）を説明することができるか

Q 職員が、施設の理念を理解していることを施設管理者はどのような手段で確認しているのでしょうか？

A 職員に理念を語って、十分伝わったと思っても意外と心に留まっていないことが、多々あります。やはり大切なことは、あらゆる機会を利用して、繰り返し、伝達する必要があります。入居説明会や、就職説明会で施設長が理念を語る時、相談員、ケアマネジャーだけではなく、リーダー以外の現場職員が同席することで、また違う視点からの理解が深まります。

熊本県熊本市にある特別養護老人ホーム「くわのみ荘」では、毎年、1日かけて「理念塾」を開催しています。施設運営に携わる職員が全員参加できるよう会場・時間を工夫しています。主催は施設長です。理念塾では、「理念テキスト」を作成し、これに基づいて理念を確認するとともに、現在課題となっていることについて参加型研修を行っています。

いつでも戻って確認できるもの（見える化されたもの）として、テキストを用意し、ぶれずに語っていくことも管理者の大事な仕事になります。

【理念塾で使用するテキスト】
・理念テキスト…法人の成り立ちや理念の説明
・ハウスルール…法人の職員として身に付けるマナー（話し方、服装、報告書の書き方など）

※理念塾のテキストについては、「くわのみ荘」にお問い合わせのうえ、実費負担で手に入れることができます。
特別養護老人ホーム「くわのみ荘」
住所：〒861-5521 熊本県熊本市北区鹿子木町405
TEL ：096-245-1447

視点 ❶ .... 理念を浸透させよう

03 関連法令等は遵守されていますか

❓ 考え方

　介護保険施設は、「法令違反をしないこと」つまり「法律や条例を遵守すること」が大事です。さらに、規程やマニュアルや職業倫理がきちんと設けられ、そのことを守ることも含めて法令遵守です。ユニットケアは「自由」と言われがちですが、法律や条例を守ることは基本的なことです。

✔ 実施に向けたチェックポイント

- 老人福祉法および介護保険法等の施設の人員、設備及び運営に関する基準を遵守しているか
- 身体拘束が行われていないか
- 身体拘束についての研修を実施しているか

Q 業務を遂行するうえで、関連法令を遵守することの重要性をどのように理解させたらよいのでしょうか？

　A 関連法令のなかで、「特別養護老人ホームの設備及び運営に関する基準」（平成11年厚生省令第46号）（以下、施設基準）第33条の基本方針、第39条の社会生活上の便宜の提供等に書かれている内容を職員及び、入居者の家族に説明することは、「質の向上」に大変役に立ちます。そのためには施設長が、その内容を十分に理解し、噛み砕いて説明する必要があります。

　例えば、そのテーマを「今、私に求められていること」とし、昭和38年の法令と平成12年の法令を併記して「入居」と「入所」の違いや、「自律」と「自立」の言葉の成り立ちの違いをていねいに説明し、居宅の延長である暮らしの場としての認識を共有します。また「自律」の「律」が、決めるという意味で、入居者が自立した生活が困難な方であっても暮らしの中での決定権は、介護する側でなく入居者自身であることを言葉だけではなくて、実際のケアに結び付けて説明します。私たちの支援や記録が時間軸で「意向・好み」があり、暮らしを支援することは、法令のバックアップがあるということを周知させます。

法令遵守がもたらす効果

　法令と言えば、難しい響きがありますが、一つひとつの言葉に深い意味があり、それに気付けば誰しも感動を覚えます。それはあたかもダイヤモンドの原石のようです。磨けば磨くほど輝きを増し、その真価が現れてきます。その法律が成立した時代背景を知ることも理解を深める助けとなります。

　介護保険施設であれば、関係法令を守ることで介護報酬が得られ運営に結びつきます。ただ形を守るのではなく、その法令が何を意味し、何を目的としているか理解することで本来の運営ができます。

　「入居者の暮らし」を守るために法令遵守があることを忘れないようにしましょう。

法令の重要性を理解させるためのヒント

　今の法令が私たちに求めている基本方針は、施設基準第2条の「処遇」ではなく明らかに第33条の「自律した暮らし」への転換です。ここに、的を絞れば、例えば今は、的に到達する力がないとしても必ず的に近づく努力をします。しかし、的が外れていれば第2条に書かれている有能な職員がいても勝手に進化することはありません。

　進化ではなく進歩するためには、行動を起こす必要があります。人は、誰しも変化を好みません。それは、他のものがつくった道を歩むほうが楽だからです。しかし、前進とは、道のないところを切り開き、新たに道をつくって前に進むことだと思います。まずは、自己満足をせず自施設の課題を直視して期限を決めて、改善計画を立てることが大切だと思います。

視点 ❷ ……………………………… 入居者の24時間軸での暮らしの情報を知ろう

04 入居者のニーズに沿った24Hシートのデータがありますか

❓ 考え方

　入居者の暮らしの継続をサポートするには、入居者がどう暮らしていきたいのかをアセスメントし、知っていないとできません。では、どのようにアセスメントしたらよいのでしょうか？　暮らしの継続とは一日一日の積み重ねです。一日の暮らしぶりをきちんとアセスメント（データ取り）しましょう。

✔ 実施に向けたチェックポイント

- 24Hシートに時間／生活リズム／本人・家族の意向／自分でできること／サポートの必要なことの項目があるか
- 各入居者の個別のニーズに沿った寝起き・排泄・食事・口腔ケア・入浴・リハビリ等のケアの詳細な情報が記載されているか
- ユニット職員、多職種の知見を反映し作成しているか
- 書き方を、入居者主体（生活リズム、意向、自分のできること）と職員主体（サポートの必要なこと）として記載しているか

Q　なぜ、24Hシートを作成する必要があるのでしょうか？

A　これまでのケア現場では、食事・排泄・入浴といった項目ごとに、全介助、半介助という介助方法を示しているのが一般的で、半介助といったアバウトな情報のためスタッフが変われば対応がちがうことも否めない事実でした。24時間連続した暮らしに基づく、詳細な個人情報が整理されなかったことも、一斉一律ケアから脱却できなかった要因といっても過言ではありません。

　ユニットケアの目標は「暮らしの継続」ですから、24時間軸で暮らしのデータを整理することは不可欠です。入居者・利用者にどのように暮らしたいかを教えてもらい、1日の暮らしのアセスメント・ケアプランとなる24Hシートを整理します。入居者のニーズを中心に、なぜそうするのかといったケアの根拠や具体的方法を見える化した24Hシートは、標準化したケアを提供するために必要です。それにより、チームケア（多職種協働）が実現できます。

24Hシートがもたらす効果

　ショートステイの利用者や認知症を抱えた入居者にとって、これまでの生活リズムや意向・好みは重要な情報です。脳梗塞の治療を終え認知症で入居した方は、入院中は昼夜逆転と興奮のため、向精神薬が投与され寝てばかりで食事も摂れず点滴ばかりでした。これまでの生活リズムを伺うと、会社経営を息子に引き継いだ後は、早朝3時頃から起床し事務所の掃除とお茶の準備が日課だったそうです。病院では昼夜逆転による問題行動とされ向精神薬が処方されましたが、生活リズムを尊重しかかわると、興奮もなく穏やかな生活を取り戻すことができました。このように入居者の1日の暮らし方を詳細に知ることで適切な支援ができます。

24Hシート作成のヒント

　24Hシート作成の心構えは、まずは自分で手を動かしてつくり、効果を検証することです。といっても何から始めていいかわかりません。
　データ取りがあまり得意ではない場合は、施設内でチームを組みましょう。下記は、24Hシート導入までの8つの方法です。

① **組織決定**
② **24Hシートを理解している人の育成**
③ **チームで勉強や見学をする**
④ **チームでモデルを作成する**
⑤ **チーム主催で勉強会を開催する**
⑥ **ユニットごとに作成をサポートする**
⑦ **作成後の振り返り**
⑧ **定期的に活用されているか確認をする**

視点 ❷ ……………………… 入居者の24時間軸での暮らしの情報を知ろう

05 職員が入居者を知るために、それぞれの24Hシートを把握していますか

❓ 考え方

入居者にどの職員でも共通のサポートをするためには、アセスメントに基づく必要があります。せっかくのアセスメントがファイルに綴じたまま活用されていないことがありませんか？ 全職員が情報を共有して初めてチームケアが成り立ちます。24Hシートを理解するための取り組みも大事です。

✔ 実施に向けたチェックポイント

- 職員は、24Hシートについて（作成者／内容の検討をする場／保管場所／日常のケアでの活用法）説明することができるか
- 業務マニュアルとして使用していないか（何時だから何をしなければならないといった使い方はしていないか）

Q 職員が24Hシートを把握していることを、どのように確認するとよいでしょうか？

A 24Hシートをつくってみたものの、うまく活用できなくて困っているという話をよく聞きます。活用されない原因には、知りたい情報が足りないので使えないとか、作成する時間が取れないとか、棚の中に保管されたまま等の理由があるようです。今一度、24Hシートを導入した目的は何か、その効果を検証しながら、活用するために何をするべきかを考えてみましょう。24Hシートが活用できている現場にはいくつかの共通点があります。

- 職員が見やすいようにユニットに置かれ、職員間の情報共有の場であるカンファレンス、ミーティングで内容が確認されている。
- 職員の個別指導の際には、家族へケア内容の説明をするとき、事故発生時の事故分析や検証のときに使用することを伝える。
- 状態変化時やケアプラン更新時にはタイムリーに見直されている。
- ケース記録を書くときに24Hシートを横に置き、必ずいつもの暮らし（24Hシート）

と今日の暮らし（ケース記録）が見比べられている。

24Hシートが職員に把握され活用している現場では、これらも同時に進行しているようです。さらに栄養や医療情報といったプラスα情報を追加しながら、多職種協働の24Hシートへと進化を続けています。

24Hシートを把握する効果

夜間、再三ベッドからずり落ちる入居者がいました。トイレに行きたいのか、伝い歩きがうまくいく時はよいのですが、時にしゃがみこんでいるところを発見することもあり、その度に職員はヒヤリとします。ベッドから降りた時にすぐに座れるようにソファを置き、よろけても転倒しないような環境を考えましたが、微妙な配置のずれで転倒を引き起こしてしまいます。

24Hシートに夜間のソファの位置写真を載せることにしました。一目見てわかりやすいと職員には好評で、夜間の転倒対策プランは徹底できるようになりました。このように細かな情報を書き込むことで、入居者も安心して暮らせるようになります。

24Hシートを把握させるためのヒント

24Hシートを活用していくと必要な情報は変化していきます。入居者や職員にあわせ、タイムリーに情報をセレクトするようになるからです。医療情報であれば医学用語ではなく誰が見てもわかりやすい表現に変えたり、文字ではなく写真やイラストを載せたりするのもよいでしょう。

入居者のために知っておきたいこと、知らないといけないこと、伝えたいこと、伝えなければいけないことと伝える方法を、多職種で検討していくうちに、お互いの連携が深まり、チーム力も向上した現場もあります。どう使うかは現場の腕の見せどころです。

視点 ❷ ……………………………… 入居者の24時間軸での暮らしの情報を知ろう

06 入居者の暮らしの変化にあわせて24Hシートを更新していますか

❓ 考え方

　入居者は、なんらかの障害や疾病をかかえて暮らしを営んでいます。ゆるやかに進行していく場合もありますし、高齢ということもあり、急激に変化していく場合もあります。その時、本人の生活リズムや意向、好み、自分でできることもあわせて変化していきます。24Hシートはケアの見積書です。この変化に応じて、24Hシートも更新していくことが大事です。更新時期は、体調が変化した時、ケアプランの更新時期等と考えるとよいでしょう。

✓ 実施に向けたチェックポイント

- 職員は、24Hシートの更新のルールを説明することができるか（状態の変化による更新、定期的な更新等）

Q 常に変化のある方はどのように更新したらよいのでしょうか？

A　常に変化のある入居者の場合、どの状態を24Hシートに記入すればよいのか悩むところですが、重要なことは、変化のある行動だけに着目するのではなく、なぜ、変化があるのか、その理由を探ることに着目することです。私たちが行動を起こす場合、多くは「○○したい」というニーズや目的が原動力となりますが、認知症を抱える入居者は、ニーズや目的と行動が結びつかないことがあります。こうしたときには、かかわるスタッフが「おそらく…」といった視点で、あきらめずに、目的と行動を繋ぐサポートを続けるしかありません。どのような状況の時にどのようなかかわりをしたのか、その反応はどうだったのかなど、カンファレンスでしっかり話し合い情報共有しましょう。

　しかし、同時に目の前の対応策も準備しておかなければなりません。よくみられる生活行為や要望を中心に、時間軸に沿って書きながら、いくつかのパターンを掴んでおき、その変化に応じた効果的なかかわり方を取りまとめ、いつでも誰でも対応できるように準備をしておくとよいでしょう。

24Hシートを更新することの効果

　24Hシートの更新は、「状態変化時」と「ケアプラン更新時」や施設で決めた「定期的な見直し期間」が基本です。

　急な状態変化時のプラン変更は一時的とはいえ、体調不良によるADL低下が顕著ですので、ショートプランを立案します。評価期間は2週間を目安に、状態悪化が回復すればショートプランは終了、長期的にプラン変更が必要であれば、24Hシートを変更します。

　事例として、車いすからのずり落ちなど事故原因の分析では、ショートプランや付箋でメモが書かれていないなど、情報共有のあり方に問題が多くありました。介助者の過失となる直接介助による手技ミスを防ぐためには、変更時の情報発信・共有・手技を統一することが最も重要なことだと、現場の意識も変わってきました。入居者とスタッフの安心・安全を守るために現場の失敗から学んだ教訓ですから、更新時の変更は定着していきました。

　「できない」ではなく「できる」ようになるために、更新までのタイムスケジュールで、時間をどのように確保するのか、サポート体制をどうするのか、チームで知恵を出し合い、まずは行動を起こしてみましょう。

24Hシートを更新する際のヒント

　常に変化がある入居者については、日々の状態を詳細にアセスメントしてみましょう。24Hシートに連動した記録であれば、その変化は一目瞭然です。職員のかかわり方の違いはないのか、小さな変化に関心をもち、気づいたことや工夫したことを付箋に書き写し、24Hシートに貼り出していきます。付箋による気づきのリレーですが、定期的に評価しながらアセスメント力は身についていくようです。小さな変化を集約する仕組みをつくることも、また、集約された情報をセレクトしていくことも、ユニットリーダーの大切な役割です。

視点 ❷ ……………………………………………… 入居者の24時間軸での暮らしの情報を知ろう

07 入居者の24Hシートの一覧表がありますか

? 考え方

　一人ひとりの24Hシートができたら、次に、ユニットの入居者全員分の24Hシートを一覧表にしてみましょう。一覧表には、時間軸と24Hシートから抜粋したその人の生活リズムなどが記載してあると、一目で確認することができます。これにより、一覧表はユニットの入居者の全体が把握できる鳥瞰図となります。職員が一人で勤務する時間帯があってもスムーズに支援でき、職員の休暇による急な対応や新人職員の教育にも役立ちます。

✔ 実施に向けたチェックポイント

- ユニットごとに各入居者の24Hシートの一覧表があるか
- 24Hシートと一覧表に整合性があるか

Q 一覧表にしてしまうと、職員がその通りにしか動かなくなってしまうのではないでしょうか？

A 一覧表は24時間軸に沿って、ユニットの入居者全員の情報を一枚に並べたものです。一覧表にする理由は、ユニットの入居者の24時間軸での暮らしぶりが一目でわかるようにすることです。サポートする入居者が24時間をどのように暮らしているかというユニット全体を把握することができますから、例えば急な欠員があって代替職員が入るときでも、一覧表で入居者の動きを把握することができるので、人手が必要な時間帯など人員配置の根拠になります。一度に複数のコールが鳴り優先順位に迷うときにも適正な判断基準になります。リーダーにとってはチームマネジメントの要ともいうべき情報でしょう。

　一覧表にしてしまうと、職員がその通りにしか動かなくなってしまうのではないかという不安もあるかもしれませんが、一覧化し集約された情報を読み取りながら、入居者の暮らしにあわせたケアの提供を積み重ねていくようにはたらきかけることが大切です。体験しながらケアの根拠を理解し、観察の視点が育ち、創意工夫できる職員へと成長していくのではないでしょうか。

24Hシートを一覧化する効果

　誰でも朝の起床から1日は始まります。心地よい目覚めは穏やかな1日の暮らしを保障しますが、慌ただしい不愉快な目覚めでは、1日の始まりは台無しになってしまいます。

　ある新人職員は極度の緊張のあまり、一覧表を見てはいたものの入居者の起床のペースを把握できず、慌ただしさもあって起床時の移行動作の援助時に表皮剥離を起してしまいました。そこでイメージができるように一覧表に、目安となる起床時間と注意するポイントを追加し、定期的にリーダーとともに見直すことにしました。こうした配慮で入居者の起床のペースを把握することができるようになりました。

24Hシートを一覧化する際のヒント

　チーム運営において最大のメリットは、24Hシートの一覧化にあるといっても過言ではありません。ユニットケアが目指すものは「暮らしの継続」ですが、入居者はケアのなかで「私」を取り戻し「私の暮らし」を継続していることを忘れてはいけません。

　1ユニット10名前後の入居者の状況にあわせながら、かつ個々の意向に沿うように、入居者の暮らしぶりやケアのバランスを調整していくことが重要になってきます。職員の作成した入居者一人ひとりの24Hシートをみれば、個々の職員の入居者理解、ケアに対する考え方、テクニックまで予見することができます。さらに、一覧化した24Hシートによって、チーム内の現状を一目で把握することができるので、一覧化はチーム運営の要としてリーダーが担当しましょう。

　始めはうまくいかなくても、繰り返すうちに、入居者の状況やケアの実際、スタッフの強みなど気づくことが増えてきます。そうすると、どの時間帯にどのくらいの人手がいるのか、限られた人数のなかで何を優先するべきか、といったリーダーとしてのマネジメント力に手応えを感じることができるようになります。

視点 ❷ ……………………………… 入居者の24時間軸での暮らしの情報を知ろう

08 24Hシートは、ケアプランに連動したものになっていますか

❓ 考え方

　介護保険制度では、ICFの視点でケアプランを作成します。ケアプランは、入居者や利用者のニーズを捉え、そのニーズを基に長期目標・短期目標を立て、目標を達成するために、どのくらいの期間で、誰が何をどのように支援するかを明確にするものです。24Hシートは、入居者や利用者の暮らしを知り、その方が1日をどのように暮らしたいかをより具体的に、「時間、生活リズム、意向・好み、自分でできること、サポートが必要なこと」の項目で作成します。したがって、ケアプランと連動することで、その人らしく暮らすためには、何を大切にしたいのかを明確にすることができ、さらにケアの統一を図ることができます。

✔ 実施に向けたチェックポイント

- 24Hシートの内容がケアプランに連動されているか

Q 24Hシートをケアプランにすることはできないのでしょうか？

A 私たちが提供する介護サービスは、ケアプランに基づいて行われています。ケアプランは、その人の希望や好みを踏まえてアセスメントし、ニーズ（課題）を抽出した後、短期・長期目標を設定し、具体的なサービス内容を検討し実行に移すための計画書です。

　24Hシートは、その具体的な内容を時間軸に合わせて記載した、日課表に代わるものです。同時に、ケアプランにおける目標達成に向けて、その人の日々の生活内容が含まれる、自立（自律）支援を行うために必要なシートです。

　その人らしい生活を支援するケアにおいては、ケアプラン、24Hシート両方揃ってないと成立しません。

　24Hシートはケアプランの詳細として活用し、ケアプランと毎日のケアに整合性をもたせるものとして、ケアプランと24Hシートを一体に考えていく必要があると考えます。

ケアプランと連動することの効果

　ケアプランについて家族に説明する際、今までは、書かれた目標の設定とケアの内容だけしか話せませんでした。
　ケアプランと24Hシートが連動したことで、プランの説明に対して家族から「趣味はないと思っていたけど、踊りなんかできるのですか」「母は昔、コーヒーなんて飲まなかったのですが、とても好きなのですね」という声が聞かれるようになっています。シートの活用で、日々の生活からも具体的にアセスメントすることができ、家族だけでなく職員もなぜこのようなケアを行うのかという根拠が理解しやすくなりました。

ケアプランと連動させる際のヒント

　ケアプランと24Hシートを連動するためには、さまざまな工夫や方法が必要です。ケアプランの介護内容のなかで、日々ケアの提供が必要である内容は、24Hシートの「生活リズム」に記載し、「サポートが必要なこと」等の該当欄に具体的な内容を落とし込みます。また、24Hシートの「生活リズム」欄とその内容に該当するケアプランの「短期目標」等の文末に同じ記号を記入して連動させることで、意識して記録を残すことができるようになり、モニタリングも同時に行うことが可能となります（➡p.40-41資料　**図表8Ⓐ、8Ⓑ**）。

視点 ❷ 　　　　　　　　　　　　　　　　入居者の24時間軸での暮らしの情報を知ろう

09 24Hシートは、ケース記録に連動したものになっていますか

❓ 考え方

　本人の毎日の暮らしの記録は、24Hシートに基づき、本人の意向通り過ごせたか、支援しそびれたことはないか、本人ができることを職員が支援し過ぎてはいないかを確認するためにあります。つまり、24Hシートという見積書に対し、その通りにサポートができたのか結果を残すケース記録は請求書の役割になります。したがって、24Hシートと記録は連動している必要があります（実績書）。

✔ 実施に向けたチェックポイント

- ケース記録に、24Hシートにおけるサポートの必要なことに対するケアの実践の内容が記載されているか

Q 24Hシートに記載されているすべてを毎日記録に書くのでしょうか？

　A 記録の必要性は理解していても、具体的に何をどう書けばよいのかは悩むところです。そこで、「何のためにどのような支援をして、何について書くのか」という視点を明確にする必要があります。私たちの仕事は、入居者の1日の暮らしのサポートです。その仕事の成果を示すことが記録であり、その記録を読むと入居者の暮らしがわかるということになります。

　具体的には、毎日のケース記録は24Hシートと連動させ、チェック表も一緒にすることで、その人の生活がさらに見えるようになり、記録もしやすくなります（➡ p.42-43資料　図表9Ⓐ、9Ⓑ）。

　24Hシートはあくまでもその入居者の生活の目安なので、普段7時に目を覚ます入居者が、今日はなかなか起きなかった場合、どのような状況であったか、その後、何時に起きたかを把握します。それがおおよその生活リズムに沿っていれば、記録にはチェックのみで問題ないでしょう。

　常に行うことができている事項についても同様です。その人の課題となっている事柄や経過をみる必要がある事項、生活の様子に関しては、文章で記録に残すようにすれば、経過の把握がしやすくなります。大事なことは、ケース記録1枚見れば、入居者の暮らしがわかるように書くことです。

ケース記録と連動することによる効果

　「10時にお茶を飲む」という生活リズムを例にあげます。普段どおり緑茶を飲めばチェックし、量のみ記載するよりも、特記事項に「緑茶を選び、おいしいと2杯飲んだ」と記録したほうが、その人の生活がみえてきます。
　サークル活動等も「参加しなかった」ではなく、「参加をすすめたが『そんな気分ではない』と返事があった」と、具体的なやりとりを記載することで、家族から「うちのおばあちゃんはこんな生活をしているのですか」と、今までよりも施設での生活に関心をもち、会話の機会も増えることでしょう。このように24Hシートで入居者の暮らし方の見積りを作成し、その結果がどうだったかをケース記録に残す書き方になるので、より明確に情報を伝えることができます。

ケース記録と連動させる際のヒント

　実際に記録をするには、必要な内容とそうでない内容を整理しなければなりません。排泄量の把握が必要であれば量を記載し、排尿があったか無かったかだけの確認でよければ、チェックのみの記入でよいでしょう。また、特記事項としてバイタルを記載したり、転倒を繰り返す入居者は落ち着かない時間やその時の様子を記録に残すことで、生活リズムを把握することが容易となり、転倒予防の対策を検討することも可能となります。
　ケース記録と連動させるには、24Hシート（見積書）を横に置き、変化等を確認しながらケース記録（実績書）を書くとよいでしょう。
　記録をどう活かすか、最低限どの程度の記述が必要かという枠組みを、施設においてしっかりと明確にすることが重要です。

視点 ❸ ……………………………………………… 生活単位と介護単位を一致させよう

10 ユニットごとに職員を固定配置していますか

❓ 考え方

　生活単位と介護単位の一致の身近な例として、グループホームがあります。認知症高齢者のケアでは、ユニットごとの固定配置によるなじみの関係をつくる体制で安心して暮らしていただけます。施設においても、グループホームと入居者像に変化はありませんので、同様のことがいえます。また、重度化に伴い、「自分のことを自分で語れない、動けない」入居者に対して、わずかな変化を察知して意に沿うケアをするには上記体制が基本になります。法制度においても、「生活単位と介護単位を一致させる」とあります。

✔ 実施に向けたチェックポイント

- 介護職員は、所属するユニットが決まっていることが、勤務表で確認できるか
- 介護職員の1か月間の定められた勤務日数のうち、およそ3分の2を当該ユニットで勤務していることが勤務表で確認できるか（欠勤や研修出張等があった場合は、当該日を除いた勤務日数で算定する）
- ユニット間の協力体制の仕組みが確立されているか

Q ユニットに職員を固定すると、他のユニットの情報がわからず不安ではないのでしょうか？

A 固定配置については、施設の人員配置状況（職員数）にもよりますが、所属ユニット以外では絶対勤務しないというものではなく、夜勤を除いた日勤帯勤務のおよそ30％までなら他のユニットの応援要請に応じ、ユニット間で協力しあうといった柔軟性が必要です。また、協力体制がなければ施設の運営が成り立たないというのが現実ではないでしょうか。

　しかし、情報がわからず不安という漠然としたものではなく、その不安が何かを整理する必要もあります。リーダー会議等、ユニット間で定期的に話し合いの場をもち、不安の内容を確かめることが必要でしょう。それらを通じて柔軟に協力し、話し合うことで、他のユニットの情報を無理なく入手できます。しかし、それだけでは不十分です。情報を共有する仕組みを、固定配置とともに構築することが必要です。

固定配置がもたらす効果

　身体介護の場面で、職員と入居者の信頼関係が構築されていることが重要なのはすでにご存知でしょう。入浴や排泄介助はもちろん、移乗・移動の場面でも、相互信頼は大切です。職員と入居者の信頼関係には、固定配置でなじみの関係性が保たれていることが関係することはいうまでもありません。

　固定配置は、職員の積極性や意欲を育むといわれます。自分の大切な入居者を、夜勤や応援に来る職員に委ねるのですから、入居者の詳しい情報を伝えようとするでしょう。また、他のユニットの入居者を支援する側にとっても、安全で安心してもらうために積極的に知ろうと努めるでしょう。

　このように、ユニット間・職員間の信頼関係を強め、施設全体の相互理解と積極性を高めることで、「情報がないことで職員の不安が高まる」という悪い連鎖を断ち切ることができます。

固定配置のためのヒント

　情報には、申し送りや伝達事項などの送り届けられる情報と、24Hシートやケース記録に記載されている内容など、情報を必要とする者が取りに行く情報があります。また、入居者の名前やプロフィール、病気などの既往歴やADL（日常生活動作）など、短期間では変化のない固定的情報と、バイタルや排泄状況といった日々刻々と変化する変動的情報があります。

　他のユニットの職員が安心を得るために必要な情報は、どのような特徴をもっているのかをまとめてみましょう。また、情報を入手するためには、情報の一元化・一覧化に取り組む必要があります。さらに、24Hシートやケース記録に、何を、何のために、誰がどのように書くかを取り決めましょう。どのように活用するのかという指導・育成も欠かせません。固定配置と情報共有は、職員のケアに対する意識に変革をもたらすことでしょう。

視点 ❸ ……………………………………………… 生活単位と介護単位を一致させよう

11 常勤のユニットリーダーが配置され、日中勤務のシフトになっていますか

❓ 考え方

制度上、「各ユニットに常勤のユニットリーダーを配置する事」という文言が記載されています。これに基づき常勤のユニットリーダーを配置することが大事ですが、さらに、入居者の把握や職員育成のために、他の職員よりも日中のシフトを多くすることも大事なことになってきます。

✓ 実施に向けたチェックポイント

- ユニットリーダーの勤務時間は、およそ3分の2以上、夜勤以外の日中の勤務になっていることが勤務表で確認できるか

Q ユニットリーダーや常勤職員こそ、夜勤をすべきではないのでしょうか？

A ユニットリーダーや、常勤職員が日勤帯しか勤務しないとなれば、入居者の夜間の様子や職員の夜間の勤務状況が把握できず、24時間を通してサービスの質を確保することや職員育成に支障がでるものと考えられます。

一方、ユニットリーダーや常勤職員の勤務が夜勤に偏って多いのも問題です。入居者の日中の暮らしの情報も直接入手できず、日中が中心となる家族とのコミュニケーションや他職種・他部署との調整、新人や部下の指導・育成においても支障をきたすでしょう。したがって、そのバランスが大切です。

「主に日中に勤務できるシフト」を組むことが大切です。としているのは、1か月の勤務のうち、3～4回の夜勤をすると考え、入居者の暮らし全体の把握と、ユニット内のマネジメントができる体制を保つことが必要です。

日中勤務のユニットリーダーを配置する効果

重要なのは、バランスです。1日24時間のうち、夜間は8時間程度（約3割）と考えると、ユニットリーダー等常勤職員の夜間勤務も3割程度が限度ではないでしょうか。

この前提であれば、ユニットリーダーのマネジメント業務を全うしつつ、入居者の介護にも携わることができ、昼・夜に偏らない生活支援のあり方を考え、よりよい暮らしを支援できるのではないでしょうか。

例えば、夜に眠れないという訴えがある入居者のサポートでは、日中の生活リズムが夜間の睡眠状態にどのように影響するか把握に努めますが、24時間の暮らしを考えたとき、昼だけや夜だけを切り出した支援内容では不十分になりがちです。

ユニットリーダーが昼・夜に偏らない勤務をすることで状況を把握しよりよい支援を導き出すことができます。入居者は日中の活動や気分転換など多くの刺激を得ることができ、夜の安眠にもよい影響を与えるようになります。

日中勤務のユニットリーダーを配置する際のヒント

日中に人手を厚く配置するための方法として1労働夜勤（8時間夜勤）があります。1労働夜勤を月に3～4回とするためには、夜勤が可能な職員は何人必要でしょうか。31日を3.5回で割ると8.9（9人）となります。2ユニットで1名の夜勤を配置する場合、1ユニットに4.5人が必要です。全員が夜勤を4回すれば、1ユニット4名が必要です。

日中勤務だけの非常勤職員が多すぎたり、夜勤のできない職員が多い場合、夜勤専属の非常勤職員を検討することもあるでしょう。夜は専ら、眠ることに専念できるケアができることが大切です。また、同じ夜勤のなかにユニットリーダーまたはベテランの常勤職員が勤務するなどの配慮が必要です。これは、夜間の不測の事態に備えるためです。

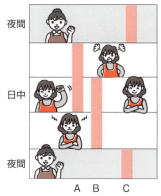

図表11Ⓐ　長時間続く一人勤務

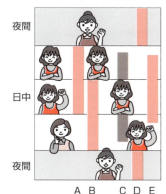

図表11Ⓑ　パート等の活用により、日中をカバー

視点 ❸ ・・・ 生活単位と介護単位を一致させよう

12 夜間は2ユニットに1名以上の勤務体制になっていますか

? 考え方

制度上、「夜勤は2ユニットに1名以上配置する事」という文言が記載されています。したがって、2ユニットに1名以上の勤務体制とします。

✓ 実施に向けたチェックポイント

・夜間は2ユニットに1名以上の勤務であることが勤務表で確認できるか

Q 日中はユニットごとの固定配置なので、夜勤のときに他のユニットの入居者をケアするのは難しいのではないでしょうか？

A 夜は日中に比べ入居者の活動量も少なく、夜勤者の支援の種類や介護の量は日中に比べ格段に少ないのが通常です。したがって、他のユニットの入居者をケアするのは日中に比べて容易です。ただし、ここでいう夜勤は、1労働夜勤が前提です。2労働夜勤（16時間勤務）の場合、夕食、就寝、夜間、起床、朝食の介助など、ざっと数えてもいくつもの大きな山場があります。一方、1労働夜勤の場合では、多くの入居者が就寝された後に夜勤が始まり、ほとんどの入居者が起床する前に退勤するのです。

また、固定配置の意味は、他のユニットの入居者とかかわりを絶対もたないというものではありません。さらに、情報の共有のための準備も必要です。例えば、24Hシートに一人ひとりの生活リズムとケア内容を記載し、夜間の対応方法を情報として準備しておくことで、他のユニットの入居者へのケア内容がよくなります。

なお、夜勤のシフトはユニットリーダー間で十分に話し合うことが必要です。必要ならユニットリーダーの上司（主任など）が調整役となって参画するとよいでしょう。

夜勤における固定配置がもたらす効果

　夜勤のとき、他のユニットの入居者をケアするということは、見方を変えれば「他のユニットの職員に自分たちのユニットの入居者をケアしてもらう」ということになります。したがって、心配なこと、気がかりなこと、気をつけてもらいたいことなど、留意点や特別な状況についての情報は、固定配置の受けもち職員から積極的に発信をするようになるでしょう。一方、他のユニットの入居者をケアする際、わからないことがあれば積極的に知ろうとするようにもなります。お互いさまだからです。

　このように固定配置をしているからこそ、情報発信力も情報収集力も自然と身につくようになります。多くの職員のなかの1人である自分が、多くの入居者のなかの1人を介護する状況からみれば、固定配置は、職員にとっても入居者にとっても「貴方と私の関係」になり、これが介護の質の向上に結びつくことはいうまでもありません。

固定配置の夜勤職員の不安解消のヒント

　昼・夜に関係なく、他のユニットを知ることは重要です。このことを新人教育の一環として、できるだけ多くのユニット、できれば全てのユニットを新人教育期間内に体験することを提案します。新人を施設全体で育てるという先輩職員の意識も高まるでしょう。また、全職員を対象に「施設内留学」を教育のひとつとして試みるのもよいでしょう。これにより互いに相手を知ることができ、部署間の相互理解にもつながるでしょう。まずは日勤帯で取り組んでみましょう。ユニット間の相互入れ替え留学ですから、当日の人員の減少にはなりません。

視点 ❹ 　　　　　　　　　　　　　　　　　　　ユニットごとに勤務表を作成しよう

⓭ 勤務表はユニットごとに入居者の暮らしにあわせて作成していますか

❓ 考え方

　入居者の暮らしは、人それぞれです。その入居者の集合がユニットになりますので、ユニットごとの暮らしぶりはすべて異なります。ユニットごとに職員を配置することで、より柔軟に入居者の暮らしをサポートすることが可能となります。そのためにも、勤務シフトはユニットごとに作成し、シフトは十数種類あると、容易に暮らしにあわせた勤務表を作成することができます。

✓ 実施に向けたチェックポイント

- 勤務シフトの数が10種類以上あり、就業規則に記載されているか
- 入居者の状況に応じて、勤務の変更が容易にできる仕組みになっているか
- 夜勤明けの職員が日常的に残業していないか
- 職員の休憩時間を確保しているか
- 作成者はユニットリーダーである必要はないが、当該ユニットで日常的に直接ケアをする職員が作成しているか（全体的な統括にかかわる役職者は除く・夜勤の調整はこれに該当しない）
- ユニットごとに、毎日の勤務者数や勤務時間の傾向に違いがあるか

❓ 従来どおりの早番・日勤・遅番・夜勤だけのパターンでは、暮らしにあわせたシフトが組めないのでしょうか？

A 例えば、朝早くから起きたい人や、遅くまで寝ていたい人にあわせたケアができていますか。ユニットで入居者の生活の単調さを解消しようと思っても、職員の勤務が調整できないといった悩みはありませんか。また、ユニットごとに生活のリズムや日中の時間帯ごとの活動量が異なっていませんか。あるいは、自分たちは職員主体でケアをしているとは思っていなくても、朝食は8時から、入浴は午前10時からなどと決めていませんか。さらに、シーツ交換は何曜日の何時からと決めていませんか。
　これでは、入居者の生活を自分たちの勤務時間にあわせているといわれても仕方あ

りません。このようにならないためには、日勤帯でも複数の勤務シフトが必要となります。

　ユニットの細かい事情がわかっているユニットリーダーが勤務シフトを組もうとすると、4パターンだけでは難しいと気づくはずです。短時間勤務の非常勤職員についても同様です。用意してある勤務シフトをすべて使わなくても、考えられるだけの勤務シフトを用意しておくことをおすすめします。なお、勤務シフトの種類については、就業規則に記載し、労働基準監督署に届けておくことを忘れないでください。

多くの勤務種別を準備しておくことの効果

　私たちの目指すケアは、入居者一人ひとりの生活リズムを大切にすることです。また、今までの暮らしを継続してもらうことです。そのためには、入居者の生活リズムに職員の勤務をあわせることが基本です。日勤帯の勤務が30分間隔で用意されていれば、ユニットの企画や個人に向けた企画のある日などは、柔軟に対応できることになります。

　しかし、施設全体の勤務表を一人の職員が組むとすれば、細やかな対応は不可能です。ですから、勤務表を組む権限をユニットリーダーに与える必要があります。権限を与えることで、ユニットを任されているユニットリーダー自身のモチベーションの向上になり、サービスの質の向上にも結びつくでしょう。

多くの勤務種別を準備する際のヒント

　勤務時間帯の種別を、考えられるだけ多く用意することです。すべてを使う必要はありません。また、法人や事務職の理解を得るために、法人や施設の理念や介護方針に沿うために絶対必要だということを理解してもらう労力を惜しまないでください。暮らし・生活・自立（自律）・尊厳・一人ひとりの意思・働き甲斐などの語句が、施設の理念や介護方針などに含まれていれば、それらを実現するためには必要だからです。

　もう一つ大切なことは、早番・日勤・遅番・夜勤などの業務の役割を明確に決めないことです。勤務内にできたこと、できなかったことを申し送り、気持ちよく引き受けるという職場の雰囲気づくりも大切です。

視点 ❹ 　　　　　　　　　　　　　　　　　　　　　ユニットごとに勤務表を作成しよう

 入居者の状況に応じて、勤務の変更が容易にできる仕組みがありますか

❓ 考え方

ユニットごとに1か月分の勤務表を作成することは基本です。その1か月のなかで感染症が発生したり、急変があったり、通常の勤務で間に合わなくなることがあります。

その時は、臨機応変に勤務変更し、入居者を適正にサポートすることが基本です。

✔ 実施に向けたチェックポイント

- ユニットごとに自由に勤務表を作成しているか
- 入居者にあわせ臨機応変に勤務表を変更できる仕組みが施設内にあるか

勤務変更はどの職員がしてもよいのでしょうか？

A 入居者の暮らしにあわせて勤務が組めるように、ユニットリーダーに権限が委譲されます。リーダーはユニットの職員の勤務を管理する権限と同時に、マンパワーを適切かつ切れ目なく配置する責任があります。

したがって、ユニットの職員は勤務変更で支障が生じることのないように、責任者であるリーダーに許可を得る義務があります。

一方、勤務変更の希望が出た時、ユニット内で調整ができない場合もあります。ユニット間で応援を求め・求められることになります。リーダーは日頃から協力・連携し合えるよう、互いにリーダー間の意思疎通を密に図っておくことが欠かせません。

なお、「リーダーが休日等で勤務変更の調整ができないとき、リーダーの上長が代理する」というように、リーダーに権限を委譲すると同時にルールを設けておく必要があります。

入居者主体の生活を支援するための勤務であることを、勤務変更を申請する職員も勤務変更を許可する職員も忘れてはいけません。

ユニットリーダーが勤務シフトを作成することの効果

　固定配置されているユニットでは、リーダーが受け持ちユニットの職員とユニットの入居者の生活リズムの特徴や流れを話し合ってつくる勤務表ですから、入居者中心の運営をしている自覚と当事者意識が生まれます。
　また、やむを得ず勤務変更が必要になったとき、職員間の支え合い、感謝の気持ちを大切にしようとする一体感を育むことにもなります。
　ところで、一人の管理職員が勤務表を組んでいるとき、勤務変更が聞き入れられなくてつらい思いをしたことはありませんか。ユニットごとに勤務が組まれていると入居者の状況が把握でき、ユニットを中心にした勤務変更に伴う調整も格段に柔軟性が増します。
　リーダーにとって嬉しいことに、ユニットの急な状況変化に対応するため、職員が自発的に勤務変更を申し出るということもあります。

勤務変更に関するヒント

　24Hシート一覧表から、恒常的にどの時間帯が忙しくなるのか、ユニット企画・施設行事などからどの日に人数を多く配置しなければならないのかなど、ユニットの職員と話し合っておきましょう。
　その上で、ユニット職員の希望休など勤務の都合をできるだけ反映して勤務表を組むのですが、すべての希望を満たせるとは限りません。希望が重なり合ったときには職員間の希望の調整もしなければなりません。
　委員会や各種ミーティング・会議の予定もあります。予め年間日程をつくれるものは先に決めておくことで、少しでも作業の軽減を図りましょう。
　また、希望休は1か月に2日までのようなミニルールも決めておくとよいでしょう。

ユニット間の調整のためのヒント

　ユニットリーダー同士のミーティングを少なくとも月1回、できれば2回開催することを提案します。ユニットリーダーが抱える問題・課題・悩みなどはユニットのため、入居者のために一生懸命になればなるほど数多く出てきます。そのような時、1か月も待っている余裕はありません。短時間でもよいから、できるだけ頻繁に、できれば2週間に1回は開催しましょう。これらを通じて、リーダー間の相互理解と結束力はより一層堅固なものになるでしょう。

資料

図表8Ⓐ 施設サービス計画書

施設サービス計画書（2）

第2表

利用者氏名　　　　　様　　　　　　　　　　　　　　作成年月日　　　　　　平成27年10月10日

生活全般の解決すべき課題（ニーズ）	目標				援助内容			
	長期目標	（期間）	短期目標	（期間）	サービス内容	担当者	頻度	期間
「寿司でもカツでもおいしい物を食べに行きたい」 自分がどこにいるのか、何をすればいいのか、等、不安の訴えが続いています。医療との連携を図りながら、職員の対応の統一をする事で、心配な事が減り希望や家族の支えを感じる事ができ、落ち着いて過ごせる可能性があります。	1. 好きな事、得意な事が続けられ毎日笑顔で過ごす。	H27.11.01～H28.10.31	1. 外食に出かけられる。	H27.11.01～H28.01.31	1. 外食の計画を立てます。日によって眠気が強い事がある為FMと相談して、体調や気分に合わせて出かけられるようにします。	介護職 フロアマネージャー	体調と気分に合わせて	H27.11.01～H28.01.31
			2. 出掛ける事ができる。	H27.11.01～H28.01.31	1. 午後の散歩に、お誘いします。	介護職 フロアマネージャー	午後	H27.11.01～H28.01.31
					2. 散歩の途中、コーヒーを飲みに行きましょう。職員が案内します。	介護職	散歩の途中で	H27.11.01～H28.01.31
					3. 散歩の途中で、足のしびれや疲れがあった時は途中で一回休みましょう。椅子やソファーへ職員が案内します。	介護職	散歩中疲れた時	H27.11.01～H28.01.31
			3. 家族と一緒に過ごす時間が持てる。	H27.11.01～H28.01.31	1. ご家族の面会前に一報を入れて頂き、昼食を一緒に食べましょう。出前もできるので、いつでも声を掛けてください。	ユニット職員 フロアマネージャー	ご家族面会時	H27.11.01～H28.01.31
			4. 毎日家事ができる。	H27.11.01～H28.01.31	1. ユニットで昼食にカレーを作る計画を立てます。	ユニット職員	眠気が無い日	H27.11.01～H28.01.31
					2. 味噌汁つくり、たたみ物、食器洗い、洗濯物干しを今まで通りお願いしています。準備は職員が行います。	介護職	適宜	H27.11.01～H28.01.31
					3. 食事の盛り付けができる様に声を掛けさせてもらいます。できる時は食器を準備するので、お願いします。	介護職	食事時	H27.11.01～H28.01.31
	2. 心配事が、減る。	H27.10.10～H28.10.31	1. 話しを聞いてもらう事で気持ちが楽になる。	H27.11.01～H28.01.31	1. 心配事（食事の時間、宿泊について、家族が出かけた、何をすればいいのか）に関しては職員で声掛けて下さい。	担当職員	早急に別紙準備	H27.11.01～H28.01.31
					2. 職員を呼んでいる時は、必ず側に寄り添い、手を握ったり背中をさすりながら話を聞きます。	全職員	職員を呼んでいる時	H27.11.01～H28.01.31

資料

図表8⑧ 24Hシート

入居者

時間	生活リズム	意向・好み	私のできること	サポートが必要なことなど	ケア詳細	その他
07:45	朝食（盛り付け）	お米が大好き。卵料理も好き。野菜はあまり好きではない。温かいほうじ茶が好き。	食事の準備がある事を伝える。お腹いっぱいなどを伝えられる。嫌いなおかずを伝えられる。盛り付けができる。	おしぼり、本人用食事箋、布巾チェック不要。食事時の注意事項ケア詳細参照。食事前に落ち着かない時はまずご飯を先に食べてもらう。	【食事時の注意事項】本人主訴あり、水分1100ccを目安に取る。糖尿病の食事制限あり、食事関係なし。食べこぼしを補うためにおかずを先に提供し、食べこぼすくらいであれば、おかずを下げご飯を出す。箸とスプーンを用意する。食事の前に牛乳を出す。体重の漏れに注意。	【体重】1300Kcal 主食：ご飯280g 副食：普通食、飲み物：牛乳、その他、飲み物シズメ、変わりご飯タメ、水分制限：1000cc目安。
08:00						
08:15						
08:30	薬を飲む目薬をさす	薬はお茶で飲める。	口に入れてもらえる。自分でお茶を飲む事ができる。	薬の袋を開けて口に入れてから、お茶を含んでもらうようにする。点眼は職員が手伝う。	薬の服用に、お茶を先にてから介助すると、口に含まれる事が多いので、先から口に含んでもらうようにする。昼の食から服用の抗精神薬は白湯で服用してもらう。内服可【服薬】朝食後薬：食直後眠前薬は白湯で服用する時は服用【点眼】点眼薬は各目1日3回	【床屋】行きつけの床屋に長女か連れて行く。
08:45	目が覚めないともらう生活を掛けてもらう			眠っており、朝の目覚めが遅い時は、声を掛けて起きしてもらい、覚めや足のむくみに注意。眠気が強いとふらつきがあるため、見守りを要する。	眠っているときから声を掛けながら、前傾姿勢が見られる様子に手を出してかもらう。声を掛けていきない時は、表情や目や顔の色等で陰部洗浄する。	【家族】面会者にはお願いしてもらう。外出や散歩のときは清潔にして、できる時は化粧もして支度を整える。
09:00	トイレに行くただみ物をする	お茶を飲んだ後トイレに行きたくなる事が多いが何かの手仕事をしたい。	トイレに行きたい時は伝えることができる。何か手仕事をしたい。	トイレの訴えがある時は職員の姿が見えないと、歩行器を使用して手渡して行動のでぶらつきかない。	【排泄：日中】本人よりトイレ訴えあるため、トイレに案内する。トイレに移動する歩行器を使用し、目的の場所に歩行する。大便のむく時はウインドエット。排便が3日目の排便なしも考慮、肛門薬を要使用。3日でもなくても職員さんで確認して座薬使用	※1【外出】カツ食や体調がよい時を見て、近くの外食店に出す。
09:15	食器洗いをする		立って洗い物をする事ができる。	立ち掛けて洗い物をする時はあるところまで、手順がわからなくなり、手順を声を掛けて伝える。手順が難しい時はシンクの周りを洗うように、シンクの周りに置くように。		
09:30	食後は眠くなるので廊下のソファーか自分の部屋で休む	眠い時は部屋で休みたい。	部屋か廊下のソファーに歩ごして部屋に行くことができる。	布団を掛けてあげて、自分でできないところは手伝ってもらう。出来ない時は、部屋で休みたいというの声があれば休室に誘導し休む。バイタル測定する。	【体調】昨日が140台だった方、その後もあり、翌日大和病院受診。血管拡張薬を処方された。増量されたの。日中夜間多くみて落ち着かない様子の時もあり、一週間ほどして体調確認。医師主観察行い、眠気が強いかどうか、バイタル測定と体調確認。浮腫も経過観察	※1【外出】お出かけ時に目立て出掛けるは計画書をあげ、他病院機関を受診せずに、近くの医療機関で受診。全般に他に医療機関受診な知つ。一番園に連絡を入れている。
09:45						
10:00	散歩に行く	お茶処営業日は声を掛けて欲しい。	自分でお茶を選び注文、伝える事ができる。	トイレに行きたくなる事があり、トイレに案内してからの参加を断ることが多い。喫茶で散歩と言うこと断る事がある。喫茶利用しない時は喫茶や飲み物を聞いて準備することもある。	トイレに行きたい時に案内すると言うと、喫茶ではお菓子なし、喫茶店が満員時や数を選び話しで飲み物を伝える準備。	
10:15						
10:30						
10:45						

第1章 24時間の暮らしを支えるための基本

資料

図表9Ⓐ　ケース記録の例

日付	時間	私の暮らし	訪室	排尿	排便	体交	起床	更衣	整容	就寝	口腔ケア	主食	副食	水分	服薬	入浴	活動	リハビリ	医療	体温	血圧 最大	血圧 最小	脈拍	面会	特記事項	記録者	ユニット
	10:00	お茶飲みをする。(月、水、金)	□	□	□	□	□	□	□	□	□				□	□	□	□	□					□			
	10:15		□	□	□	□	□	□	□	□	□				□	□	□	□	□					□			
	10:30	リビングで過ごす。	☑	□	□	□	□	□	□	□	□				□	□	□	□	□					□			
	10:45		□	□	□	□	□	□	□	□	□				□	□	□	□	□					□			
	11:00		□	□	□	□	□	□	□	□	□				□	□	□	□	□					□			
	11:15		□	□	□	□	□	□	□	□	□				□	□	□	□	□					□			
	11:30	昼食	☑	☑	☑	□	□	□	□	☑	□				□	□	□	□	□					□	便意する、確認すると便始まっていた。パートがトイレに合わせて両手重ねで用便出た。便付着ありで下着更衣した。		
	11:45		□	□	□	□	□	□	□	□	□				□	□	□	□	□					□			
	12:00		□	□	□	□	□	□	□	☑	□				□	□	□	□	□					□	疲れた様子でリビングソファーで横になった。		
	12:15		□	□	□	□	□	□	□	□	□				□	□	□	□	□					□	寝ていた。		
	12:30	入浴（木）	□	□	□	□	□	□	□	□	□				□	□	□	□	□					□			
	12:45	薬を飲む。	□	□	□	□	□	□	□	□	□				□	□	□	□	□					□			
	13:00	トイレに行く（ワイド）	☑	☑	□	□	□	□	□	□	□		10	0		□	□	□	□	□					□	起きてお食事にした。そうめん用意したが食べず。おかゆと梅干し用意すると食べた。		
	13:15	入浴（月）	□	□	□	□	□	□	□	□	□			150	☑	□	□	□	□					□	きなこドリンク勧めたが飲まず。ほうじ茶飲んだ。		
	13:30	休息	□	□	□	□	□	□	□	□	□				□	□	□	□	□					□			
	13:45		□	□	□	□	□	□	□	□	□				□	□	□	□	□					□			
	14:00		□	□	□	□	□	□	□	□	□			150	□	□	□	□	□					☑	娘来園。娘さんが部屋に案内し寝かせてくれた。		
	14:15	カラオケや手遊りのサークルに参加する。第4火水	□	□	□	□	□	□	□	□	□				□	□	□	□	□					□	ほうじ茶娘の介助で飲んでいた。		
	14:30		□	□	□	□	□	□	□	□	□				□	□	□	□	□					□			
	14:45		□	□	□	□	□	□	□	□	□				□	□	□	□	□					□			
	15:00	お茶を飲む。リビングで過ごす。	□	□	□	□	□	□	□	□	□			150	□	□	□	□	□					□	ブランを再確認した。良くしてもらっているので安心している、と言ってくださった。園に一任することを了承してくれたが、暖かくなったら家に行く事を了承してくれた。よいものを心当たりをみつくろって購入してよいとも言ってくれた。		
	15:15		□	□	□	□	□	□	□	□	□				□	□	□	□	□					□			
	15:30		□	□	□	□	□	□	□	□	□				□	□	□	□	□					□			
	15:45		□	□	□	□	□	□	□	□	□				□	□	□	□	□					□			
	16:00		□	□	□	□	□	□	□	□	□				□	□	□	□	□					□			
	16:15	トイレに行く（ワイド）	□	☑	□	□	□	□	□	□	□				□	□	□	□	□					□			
	16:30	部屋か畳スペースで休む。(臥床位置注意)	□	□	□	□	□	□	□	□	□				□	□	□	□	□					□			
	16:45		□	□	□	□	□	□	□	□	□				□	□	□	□	□					□			

図表9 Ⓑ 24Hシートに沿った記録の例

凡例: ○介護職　●看護師　△機能訓練担当　□相談員

	《24Hシート》		《記　録》				
時間	暮らしぶり	サポートが必要なこと	時間	食事量	バイタル	記録	記録者
13:30	嘱託医の診察を受ける。	回診前にバイタル測定と体重を確認し医師に報告する。					
14:00	下着の交換をする。						
	お尻の処置をしてもらう。	看護師と共に2人対応で下着交換＋褥瘡処置をする。・尿取りパッド使用　フォーム使用しているので巻き込みに注意。覚醒状態を見て陰部洗浄し温かいタオルを使用する。	14:00			家族より連絡あり。体調が悪く、面会に行けないとのこと。お元気で過ごしのことを伝える。	□
	リハビリを行う。	声かけをしながら下肢の屈伸運動をする。苦痛ないか確認する。				屈伸運動をする。苦痛感なし。	△
14:30	血圧と体温を測る。	バイタルを測定することを伝える。〔バイタル平均値 体温36.0～36.5℃、血圧100～110/55～65、脈55～65、SAT96～98%〕	14:30		体温35.9℃ 血圧103/58 脈65		○
			15:00			回診（定期）：食事もシリンジで完食されており、褥瘡の変化もなく安定されています。	●
15:00	お風呂に入る。	ストレッチャー浴を使用する。移動時は2人でシートを使って移動する。温度を確認して身体にかける。洗後、治療に入る。入浴後は処置に入る。（看護師連絡）				ストレッチャー浴　爪切り	○
						臀部処置	
15:30	兄弟や家族、娘夫婦と過ごす。	面会時には、イスとお茶を準備し近況を連絡する。				排便（軟便）普通量	○
16:00	お茶をする。	コーヒーを準備し、パパロアと一緒に一口を確認しながら介助をする。	16:00			お茶・パパロア	○
17:00	テレビを観る。	TVを観るか確認する。	17:10			入浴で疲れたのか眠っておられる。	○
19:00	夕ご飯を食べる。	お粥・ミキサー食・とろみは3倍　平たいスプーンを使用　ベッドの角度は90度　疲れができると眠れなくなるので30分くらいを目安にする。	19:00	主10／副10／水分200			○

第 **2** 章
住まいの場としてとらえる

- **視点5** 居室をその人の部屋にしよう ……………………………………… 50
- **視点6** ユニットを暮らしの場にしよう ……………………………………… 58
- **視点7** 地域での暮らしを実感できる場をつくろう ……………………………………… 80
- **視点8** 高齢者の視点にあわせた設えにしよう ……………………………………… 86

施設が「暮らしの継続の場」になるためには、環境の整備もなくてはならない要素です。しかし、環境については、きちんと学ぶ機会が少なく、施設職員にとり、何をどうしていいかわからないのも現実です。「高齢者の施設なので、何でも昔の物を集めればいい」とか、「新規に買い揃えた物ではなく、使っていた物でないとダメ」というように、勝手な解釈で整備していたことはないでしょうか。建物には理論があります。それを理解したうえで、入居者が暮らしやすい環境をつくりましょう。

　環境には、施設の建物と施設を含む地域がありますが、ここでは、建物を中心に話を進めます。施設は大きく分けて、1軒の家のような「住まい」のエリアと「街」のエリアにつくられています。

　「住まい」の部分は、機能として「食べる・出す・寝起きする・入浴する等」私たちが家でする暮らしの行為の役目を果たしてくれる場です。ユニット型施設であればユニット部分で、グループホームでもユニット部分になります。従来型施設でもその部分はありますが、大きなスペースだったり、各機能が広く分散されていたりと家のような構造になっていないという課題があります。それは、入居者の暮らしよりも支援の業務を優先した建物になっているからといえるでしょう。「住まい」部分で大事なことは、家と同じ「住まい」になるような環境にしていくことです。

　一方、「街」の部分は、暮らしの豊かさに関係しています。私たちも家から1歩出た時、スーパーやコンビニ・美容院・病院・映画館等さまざまな場所が有り、この場を活用することで、「食べて・出して…」の暮らしの基本行為に＋αの要素を加え、暮らしを豊かにしています。施設にもその場をつくり、今までと同じような暮らしをしてもらおうとする理論です。

　「街」の活用は、施設から外に出て、実際の街に行けばいいという意見もあると思います。グループホームは、まさにその構造になっており、主に「住まい」エリアのみの建物です。なぜ施設だけにそのエリアはあるのでしょうか。それは、要介護度の重度化が大きな要因となります。

　あなたが、要介護度5の入居者としましょう。寒い雪の日に外の喫茶店にモーニングコーヒーを飲みに行くでしょうか。それは「NO」でしょう。では、ベッドに寝たきりでいいかというとそれも「NO」でしょう。そのために、施設内に「街」をつくり、最後まで地域を感じる暮らしを続けてもらう空間づくりをするのです。

　「街」部分は、入居者だけではなく、地域の方にもどんどん利用してもらい、本来の「街」にしていく工夫が施設には求められます。それには、誰でも入りやすい場所や設え（しつら）にし、ボランティアの運営で施設色を出さないようにします。広くがらんとした「地域交流スペース」を時々見ますが、用途を決めずに場所だけを確保するというつくり方は使い方がわからなくなるので、それは感心しません。

　このような理論に添い、建物を整備していくときに大事な4つの視点をあげました。

1 居室をその人の部屋にしよう

「家に帰りたがらない友人がいる」そんな経験はないでしょうか。その理由の多くは、「家に居場所がない」ことにあります。誰でも自分がホッとし、くつろぎ、次の活動へつなげるエネルギーを蓄えるそんな空間と時が必要です。そのための居場所として、施設では居室（個室）が存在します。

自分がくつろぐ場であるには、その人が好きに使えるということが大切で、職員の都合で居室のドアが一斉に開放されることはあり得ません。施設はいまだ病院のイメージが強く、私物の持ち込みが可能であることを知らない家族が多いでしょう。そのため施設は、入居時にモデルの居室を見学できたり、その方の家に伺い、持参物の相談にのるなどの支援が必要です。

持参物が少ないと、施設で一律に家具を揃えるところがありますが、どれも同じ家具では、どの部屋も同じ風景になり、自分の居場所がわからなくなるでしょう。「おばあちゃんの物は何もない」という家族には、新品の購入でもよく、大事なことは「自分の物」ということです。そして、徐々に設えていけばいいのです。部屋に置く物は、家具だけではありません。写真や絵、仏壇、花等、いろいろな物があるはずです。

① わるい例

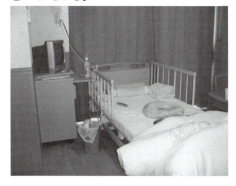

② よい例

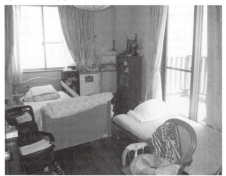

2 ユニット（グループ）を暮らしの場にしよう

居室以外に「食べる・出す・入浴する・談笑する」等の基本行為の場がユニットになります。特にリビングは、「食べる場」と「くつろぐ場」の両方の機能があります。では、どのように整備をしていけばいいでしょうか。考え方としては、どんなに「個人」に向き合ったとしても施設は「集団」であることには間違いがありません。では、全員に共通の嗜好で整備するのかと言えば、それは無理でしょう。まずは、「自分の家だったら…」と考えて整えていくことを勧めます。「食べる場」は、家のキッチンとダイニング、「くつろぐ場」は居間です。そこに何を置いて、何を飾っているか、見渡してみるといいでしょう。施設が施設っぽくなるのは、必要以上に飾り立てることと、そこに置く（飾る）意味もな

い物があるからです。

　次は、「この人の居心地のいい空間」、「あの人にとり…」と整備を進めていくことです。その人にとってくつろぎのある小さな空間ができてくると自然とその輪は広がっていきます。また、「くつろぎの場」で大きな効果を占めているのは観賞用植物で、癒し効果は抜群です。

3 地域での暮らしを実感できる場をつくろう

　「街」の部分に相当しますが、この整備がなかなかできないという施設が多いようです。このエリアは「入居者主体に使われるセミパブリックスペース」と「地域や家族など誰にでも使われるパブリックスペース」に分かれています。しかしこの頃の小規模施設では、それらに境がないこともあります。

　このエリアの整備で大事なことは「本物志向＝街にあるものと同じものにする」です。設えやその運営も可能な限り本物にしていくことです。使い方として、サークル活動をする公民館・井戸端会議の場・静かに1人になれる場・ショッピングの店・喫茶店等があります。地域に根差した施設であれば、店は「産直野菜の市」とし地域に開放することもあるでしょうし、「移動デパート」に出張販売をしてもらい、近隣の人に買い物に来てもらうこともいいでしょう。施設のピアノを「ピアノ教室」に開放してもいいでしょう。施設が地域と結びつく大事な場ともなりますので、地域を見据えて計画を立てていきましょう。

① 　わるい例

② 　よい例

4 高齢者の視点にあわせた設えにしよう

　高齢者施設は入居者の家です。入居者の多くは、自立歩行よりも車いすや歩行器の方が多いでしょう。あなたが車いすに座り、施設の中を見てください。掲示物はどうでしょう。顔をあげないと見えないのではありませんか。普段見かける掲示物の高さは、立っている人が見やすい高さになっています。しかし、施設では車いすの方が多いので、車いす目線

の高さに合わせましょう。

　次は、いすとテーブルの高さです。市販の物は高齢者には、やはり高いでしょう。基本姿勢では、いすは、足の裏が床に付くことです。足がきちんと床に着地していないと立つときに転んでしまいます。自分で試してください。あなたが立つときは、足を幾分後ろに引いて立ち上がると思います。姿勢は手をテーブルにつき、前かがみになれることです。これで、身体を腕で支えることができます。このような姿勢ができる高さにすることが基本で、市販のいすやテーブルは高いものが多く、足切りの必要があるでしょう。しかし、全員にあわせることは難しいので、3種類くらいの高さを用意しておくといいでしょう。

　もう1つは、飾りつけです。「家」では飾らない物は止めましょう。よくあるのは、入居者の作品が飾られているのですが、そのルールは、まずは「個人の部屋」に飾ることです。皆に見せたいということであれば、飾る場所を決め、飾る期間も決めることです。そして、無造作に飾るのではなく、作品として飾る工夫も大事です。

　帰宅願望がある入居者の支援を誰でも経験していることでしょう。「ご飯を食べてから帰りましょう」「最終バスが行ってしまったから、今日は泊まってから帰りましょう」等、皆さんは素晴らしい支援をしています。しかし、次の日も繰り返される。これは1つに、その人の居場所がないからです。居場所づくりは支援で欠かせない大事な要素です。

① わるい例

② よい例

視点 ❺ ……………………………………………………… 居室をその人の部屋にしよう

15 落ち着ける場所となるように、居室に入居者が持ち込んだ家具がありますか

❓ 考え方

施設入居しても自分の暮らしを続けてもらうには、自宅から引っ越してきたという視点をもち、居室には本人の慣れ親み、使用してきた家具を持ち込むことが新たな生活の第一歩です。高齢になってから環境が変わるということは、本人にとっては身体的にも精神的にもダメージが大きいでしょう。落ち着いた暮らしを送っていただくためにも、本人がよく使用していた持ち物・自分の物を持参していただくことが大切です。

✓ 実施に向けたチェックポイント

- 備え付けの家具やお揃いの家具等になっていないか
- 入居者が自分の暮らしに必要な物や好きな物等が置かれているか
- ユニットの職員が居室の設え(しつら)について、本人・家族とコミュニケーションをとっているか
- 重度化した入居者であっても、最期まで家庭的な環境づくりに配慮することの大切さを、職員は家族に説明できるか
- 持ち込み家具の制限はないか(危険物等は除く)

Q 家具をすべて処分された入居者の場合、どのようにしたらよいのでしょうか?

A 施設や病院生活が長いと、なじみの家具を処分していることが多くあります。しかし、家具が何もない殺風景な居室で、入居者が落ち着いて暮らすことは困難です。

処分してしまった場合、家族のなかには、いまさら、新しい家具を買うのはと思う人がいるかもしれませんが、新しい家具を揃えることで、入居者が居心地よく、落ち着いて暮らすことができます。自分の物があることが大事なのです。

家族は、どのような家具を購入したらよいかわからないことも多いので、可能であれば他の入居者の居室や設えなど、参考になる写真を見せたり、入居者の身体状況などを考慮した家具を提案し、どのような家具が必要か、最低限何があったらよいのかをアドバイスをすることも大切です。

なじみの家具がもたらす効果

認知症で会話の成立が難しく、日中のほとんどを歩いて過ごす人が入居した事例です。自分の居場所が見つからず、施設の回廊式廊下を1日中歩き、疲れたら廊下のソファに座る程度で、常に居場所の確認が必要だと、入居前の情報にはありました。

そこで、まずは本人の居場所を作ることを考え、家族に相談し、本人が入居する前のなじみの家具を運び、引っ越しの際に自分の家（部屋）に戻ってきたように感じてもらえる設えを作ることにしました。

入居後は、職員が部屋で一緒に過ごすことを心がけ、ソファに座って昔の写真を眺めて過ごしたり、テレビを見て過ごす時間が増えました。その結果、歩き回ることが以前より少なくなり、行動や表情も穏やかになり、今では会話も少しできるようになりました。

家具の使い方のヒント

部屋に写真を持ち込んでいる入居者は多いです。例えば、ある入居者の部屋には、長年連れ添ったご主人の写真がタンスの上に飾られていました。タンスが少し高いため、見上げるしかなかったのですが、飾り棚を用意してなじみの物とご主人の写真を目線の高さに飾ることにしました。

すると、自然に写真の前で手を合わせることが始まりました。その光景を見て職員が、お水とご飯を供えることを提案しました。手を合わせるのを忘れている日は、職員が声をかけて一緒に手を合わすことで、今では本人の毎日の日課となっています。

部屋に仏壇を持ち込んでいなくても、家具を工夫することで本人のやりがいをみつけることができたのです。

視点 ❺ ……… 居室をその人の部屋にしよう

16 洗面台は、入居者が使いやすい工夫がされていますか

❓ 考え方

洗面台で大事なことは、高さと物が置ける台が設置されているかどうかです。顔を洗う時、腕に水が垂れてこないようにするために、すくえるように低く設定したり、入居者が手を伸ばせば届くような位置に歯ブラシ、くし、タオルや化粧品等を置けるような工夫をしてください。高齢者が自分でできる工夫をすることは自立支援の具体例です。洗面台ひとつでも理論は大事です。

✔ 実施に向けたチェックポイント

- 自立支援を念頭に、入居者が使用しやすい高さにしたり、物が置ける台を設置する等の工夫がされているか
- 入居者それぞれが自分の生活習慣に即して使用するくしやタオル、歯ブラシ、コップ等の洗面用具があり、使いやすい位置に置かれているか
- 口腔ケア等の際は、居室の洗面台を使用しているか
  〈各居室に洗面台がない場合〉
  洗面台は清潔で、また職員の都合で、洗面用具等が1か所に集められていないか

Q 物を置くスペースがない場合は、どうすればよいのでしょうか?

A 洗面台は、日々の生活のなかでも入居者が使用する頻度が多い場所ですので、使い勝手が悪い、本人に高さが合わないからと、安易に新しい物に変えることはできません。したがって、今ある洗面台を工夫して使用することが大切です。

その際には、自立支援の視点で考えます。工夫として、洗面台の横に棚を置いたり、壁に置き台をつけることがあります。物を置く台があるだけで、職員を呼ばずに自分で洗顔や歯磨きができる可能性が広がります。

たとえば、右まひで車いすの人の洗面台で、右側に棚があると、歯ブラシや歯磨き粉などを自分で取ることができず、職員を呼んで用意をしてもらわなければいけません。しかし、左側に棚を置き、本人の取りやすい高さに物を置くことで、自分で洗顔や口腔ケアが可能となります。工夫をして自分でできることが1つでも増えることが、QOL(生活の質)の向上につながります。

入居者が使いやすい洗面台の効果

　左まひの入居者の事例です。入居当初は洗面台の前に座った後に、ベッド横のコールを洗面台の近くに引っ張り、用事がある時は押して職員を呼んでもらい、その都度必要な支援を行っていました。

　職員は「もう少し自分でできないか」と自立支援の視点で考え、洗面台の右側に小さい台を用意し、本人とどこに置くか相談して、手の届く高さに物を置くことにしました。

　すると、今まで支援してきたことも職員を呼ばず、少しずつ自分で洗顔や口腔ケアができるようになりました。今では、口紅なども置いて身だしなみにも気をつけるようになったのです。

入居者が使いやすい洗面台のヒント

　入居後に洗面台の横にふきん掛けをつけた入居者の事例です。使用したコップを簡単に拭くためです。

　物が置けるスペースがなくても、壁や洗面台の横にフックをつけるだけで、手の届く所にくしを掛けることができたり、洗面台を掃除するためのスポンジと台を、吸盤タイプを用意することで、使用後に自分で簡単な掃除をすることができます。

　まずは誰のための洗面台かを忘れず、入居者の立場になって考えて、職員が同じ洗面台を使ってみると、どのような物を用意すればよいのかがわかるかもしれません。

　自分で何ができて、どんな支援を必要とするかです。職員のかかわりや工夫ひとつで、その人の「自分でできる」可能性を引き出すことができます。

視点 ❺ ……………………………………………………… 居室をその人の部屋にしよう

17 居室の鍵の使用について、入居者や家族に施設の方針を説明していますか

❓ 考え方

　入居者の居室は、その人自身のプライベートスペースであり、鍵を本人が管理してもよいでしょう。入居時に、その意向を確認することが大事です。

　また、施設の方針として、緊急時や夜間の訪問の際には開錠することがあることを取り決め、そのことを入居者や家族に説明しておくことも大事なことです。

✔ 実施に向けたチェックポイント

- 職員は、居室の鍵の使用について制限がないことを、入居者や家族に説明することができるか
- 職員は、入居者や家族に鍵の使用の希望を聞いているか
- 鍵がない居室には、鍵をつけることが可能か
- 緊急時や夜間の訪問における約束事や取り決めについて記載されたケア方針や教育指針等があるか

Q 施設で暮らすなかで、鍵は必要なのでしょうか？

A 居室は、自分の場所であり、他人にはむやみに足を踏み入れてほしくない場所です。他人との生活であう人やあわない人もいるなか、一人になりたい、心身ともにリラックスしたいときに、居室はやすらぎの場となります。鍵を持ちたいという要望がある人にも鍵を渡すことで、不在時に他人に部屋に入られる不安から解消されます。また、鍵を持つことが困難でも、鍵を掛けてほしいと要望があれば、職員が掛けておくことで安心を得ることが可能です。

　ある施設では、入居者は居住費を支払っています。私たちがアパートを借りるのと同じように、入居者も居住費（家賃）を支払っていると考えたら、その人が自分のありのままでいられる住まいになるように配慮することが大切です。

　例えば、居室に鍵があれば、居室で過ごしている時や夜間は内鍵をかけてもらうことで、安心して居室で休むことができます。

居室の鍵の使用についての効果

　ある入居者が入居した日の事例です。初日ということもあって、慣れない環境のなか、認知症の人が急に扉を「ドンッ」と叩いて入ってきました。その後、その認知症の人が歩くたびに不安になり、食事も落ち着いて食べられず、その人の行動を気にするようになったり、情緒不安定の日が続きました。職員は、できるだけ一緒に過ごしたり、気を紛らわすために散歩に出かけたりしましたが、眠れない日が続きました。

　そこで、職員が居室の鍵をかけることを提案し、「他の人は入ってこないから、安心していいですよ」と言うと、少し安心し、今では部屋を出てリビングでゆっくりテレビを見る時間が増えたり、外出したりと、暮らしのなかで活動する幅も広がりました。

入居者や家族に施設の方針を説明する際のヒント

　鍵をかけている入居者が「誰にも入ってほしくない」というときは、どうすればよいでしょう。本人の希望だからと、何時間も居室の様子を知らなければ、倒れていたり、意識がなくなっていることがあるかもしれません。

　居室の鍵を使用したり鍵を貸し出すときは、紛失のことも考えて、事前に家族に説明をして同意書をいただいたり、居室の様子の確認や緊急時などは、マスターキーで開けさせてもらうこともあるなど、施設の方針をきちんと説明しておくことが必要です。

　入居時の説明はもちろん、暮らしを継続するなかで鍵が必要となることもあるので、家族や本人にその都度提案できるように心がけることも大切です。

視点 ❺ ･･･ 居室をその人の部屋にしよう

 居室のドアを、職員の都合で常時開放していませんか

❓ 考え方

入居者の居室は、プライベートスペース（その人自身の部屋）です。職員の都合でその居室の扉を開けっ放しにしてはいけません。居室の扉を開け放して、入居者を管理するのではなく、閉めていても、何をしているのか把握していることがプロの仕事ではないでしょうか。そのためにはアセスメント、不安を取り除くには知ること（視点②入居者の24時間軸での暮らしの情報を知ろう参照）からはじめましょう。

✔ 実施に向けたチェックポイント

- 居室のドアは常時開放していないか
- 職員の都合で、一律に暖簾(のれん)等を使用して開放していないか
- 開放している場合、理由を説明できるか

Q 入居者から「開けてほしい」という要望がある場合は、開けてもよいのでしょうか？

A 本人の居室なので、過ごし方は自由です。転倒の危険性があるからと、見守りのためにドアを開放するのは、職員の都合でしかありません。ドアが常時開放された場所で、いつ誰に見られているかもわからないなか、落ち着いて過ごすことができるのでしょうか。

転倒回避のために開放をしていれば、それは一時的な対処法でしかありません。また、入居者から「不安だから開けておいてほしい」との要望に対して開放することも、考え方は同じです。

本人の要望だからと開放するのではなく、なぜ開けていてほしいのか、何が不安なのか、その不安に対してどうかかわっていくのか、転倒が多い時間は、どの時間が情緒不安定になるのかなど、その人に寄り添い、より深く知り支援することが、専門職として大切です。開けておくときは、どのくらい（何cmなど）、いつ開けるのかについて記録し、誰でも情報を共有できるようにしましょう。

プライベートの空間にお邪魔する気持ちを忘れずにかかわっていけば、部屋に入るときのノックや、居室を掃除するときの声かけなど、あたり前のことになるのではないでしょうか。職員が行う一つひとつの行動を自分自身に置き換えて考えてみると、理解しやすいです。

職員の都合で常時開放しないことの効果

　車いすの入居者の事例では、ドアを開けることはできても、閉めることができないため、「居室のドアを開けておいてほしい」と言われました。
　開けっ放しにするのは簡単です。しかし、居室が丸見えになっていては、プライベートな空間をさらけ出すことになり、個室の意味がありません。また、本当は入居者も本意でないかもしれません。要望があるからと安易に開けたままにはせず、どうしたらよいのか職員間で話し合い、対応を考えました。
　まずは、職員がこまめにドアを閉めることを心がけ、居室に戻るときは職員が開けることを行い、ときには入居者本人に「ドアが開いていますよ」と伝え、一緒に閉めることを継続的に行いました。すると、他の居室のドアを見ては「あそこ、開いてるよ。閉めてきて」と言うようになったり、自分の居室のドアを車いすで向きを変えて閉めるようになり、今では自分の部屋という自覚もついてきました。

職員の都合で常時開放しない際のヒント

　まずはアセスメントです。1日の暮らしのなかで、どこが不安・課題か詳しく調べ、対応を協議しましょう。たとえば、転倒の危険性がある入居者に対してドアを開放している場合、考えるべきは、そのリスクが1日中あるかどうかです。まずはどの時間にリスクが多いのか、そのときの状況がどうかを知ることが必要です。
　他職種の協力をあおぎ、時間や期間を決めて集中してかかわりをもって知ることも効果的です。そうすれば、ドアを開けたままにしなくても、個別の対応としてどの時間に訪室を増やせばよいのか把握することも可能です。
　居室のドアを常時開放したらどうだろうなど、職員が行う一つひとつの行動を自分自身に置き換えて考えてみると理解しやすくなるでしょう。24Hシートの活用が不安解消につながります。

視点 ❻ ……………………………………………………… ユニットを暮らしの場にしよう

⑲ 玄関は、玄関として認識しやすい設え（しつら）になっていますか

❓ 考え方

　ユニットは1軒の家です。どの家にも玄関はあります。玄関があることで、ここからが自分の住まいだという外との区別ができます。そして、自分の家（居場所）の認識も生まれます。施設が暮らしの場である時、玄関は必要不可欠な場になります。玄関には、下駄箱があったり、置物があったり、花が飾ってあったりと、家と同じようなものが置いてあるとよいでしょう。

　また、玄関の扉を閉め切ってしまうことはよくありません。多くの入居者は自ら動けません。外に出てみたいと思えるように、気配や音が感じられるように、戸は半分開ける、戸を格子にするなどの工夫があるとよいでしょう。当然夜は家と同じように閉めてよいでしょう。

✔ 実施に向けたチェックポイント

- 玄関と認識できる設えを工夫しているか
- ユニットの内と外（アプローチ）の違いがあるか（目立つ看板や飾り付けはしていないか）
- 玄関はユニットごとに違いがあるか

❓ 玄関（扉）がない場合は、どのように考えればよいのでしょうか？

A ユニットの玄関の設えはできる限り、自分のユニットはここから始まるということがわかるような空間の区別がつく工夫が必要です。内部と外部を明確にすることは難しいかもしれませんが、私たちの家と同じように下駄箱や飾り棚、置き物などで演出することはできます。

　ドア（扉）がなくても、さりげない区切りが演出できればよいわけです。ここが玄関とわかる入口らしい雰囲気と設えをすることで、ここから私たちの家（住まい）の玄関かなと感じてもらえることが大切です。

　玄関のもつ意味は大きく、住まいにとっては表の顔や象徴ともなる場所です。

玄関として認識しやすい設えの効果

認知症の人にこそ、設えによって玄関を認識してもらうことが必要です。境界となる出入口は「ただいま」「行ってきます」が意識できるように、下駄箱（実際に使う必要はありません）や、スペースがあれば飾り棚や花（観葉植物）、外には郵便受け、ポストを置いて演出している施設もあります。

「行ってきました」と言って帰ってくる入居者だけでなく、「おじゃまします」と言って、居住区に入る来訪者（職員や家族を含む）の意識づけにも効果があります。

認識しやすい玄関にするためのヒント

玄関は、高齢者の住まいの出入口という感覚が欠かせません。玄関に、折り紙でつくった花や鳥を貼り付けるのはやめましょう。小学校や幼稚園などで行われる誕生日会の飾り付けではありません。あくまでも「住まい」としての玄関です。

また、飾り付けに凝りすぎて、ユニットの中を見えにくくしたり、季節感のない設えや演出（真夏に桜の木の飾りなど）もやめましょう。

玄関には外側と内側があります

玄関は小さな空間ですが、訪れた人が最初に目にするところです。玄関が施設（建物）内にあっても、「外側」と「内側」をしっかり意識して設えてある施設に伺うと自然と「よい感じ」を受けます。

外側なのに、暖簾（のれん）がかけてあったり、鏡があったりすると、「あれっ、どこか変？」と思ったりします。玄関先に、石畳や竹垣をつくってあるところは本物志向だなと思いますが、逆に内側にあると、アメリカ映画に出てくる日本家屋のようで異文化さえ感じます。内側には、下駄箱や置き物があるのが、私たちの普通の家です。

「玄関」は、気の入口であると風水でも重視されているようです。玄関のもつ意味は大きく、「玄関」から運気を招こう！　と思いませんか。

視点 ❻　　　　　　　　　　　　　　　　　　　　　　　ユニットを暮らしの場にしよう

20 リビングには、食事の場とくつろぎの場が設けられていますか

❓ 考え方

　リビングは、ともに食事をし、くつろぐ場です。家でもダイニングキッチンと居間が連続している所が多いと思います。まさにその構造と機能になります。居室は一人になれる大事なスペースですが、リビングは、ユニットに住むお隣さん同士の関係性をつくれる大事なスペースです。リビングが廊下のような通り道になっていると落ち着きのない環境になってしまいます。殺伐とした雰囲気にならないよう場をつくっていくことが大切になります。

✓ 実施に向けたチェックポイント

- 居室とリビングの両方がある空間づくりがされているか
- リビングには食事をする場所があり、実際に煮炊きができるか
- リビングに、テレビを観たりおしゃべりをしてくつろぐ場所が設けられているか

Q リビングには、なぜ食事の場とくつろぎの場があったほうがよいのでしょうか?

A 食堂やリビングなどのセミプライベートスペースで大切なことは、普通の生活行為を身近に感じ、「住まい」で暮らしていることを実感できるかどうかです。暮らしの1コマがそこにあるからこそ、皆が何となく集い、交流が生まれます。

　食事のにおいや食器を洗う音などの日常風景から"暮らし"を感じることができるのではないでしょうか。生活の音を聞いているだけでも、1日の流れや時間を感じとることができるものです。

　ユニットにおける食事の場（キッチンという設備が整っている）があることで、そこに暮らしが生まれるといってよいでしょう。高齢者施設が「住まい」になる基本である食の機能を充実させることに意味があり、リビングはその意味でとても重要な位置づけになります。

　そして「場を長続きさせるための工夫」が必要です。そこに住む入居者にとって居

心地がよく、リラックスできる空間、また気軽に立ち寄ることができ、自然とそこに人が集まってくるような空間（くつろぎの場）といえるでしょう。

そうした空間がユニットには必要となります。ソファを置いてテレビや雑誌を読めるようにし、花や観葉植物を置くとよいでしょう。

さらに、食事の場（キッチン）では、入居者の使いやすさを一番に考えた環境を整えることが大切です。

食事の場とくつろぎの場を分けることの効果

リビングに「食事の場」と「くつろぎの場」があることは、気の合った人との語らいに加えて、家族が来たときにゆっくりできる場としての効果もあります。食事をとることとゆったり過ごすことは、それぞれ別の行為ですのでそれぞれの場があったほうが充実するでしょう。

ソファの近くに（金魚などの）水槽を置くことで、時間の流れがゆっくりと感じられたり、季節の花や観葉植物に、誰もがいやしを感じるものです。職員の近くで過ごしたい人もいれば、窓から外を眺めるのが好きな人にも、くつろぎのある空間は効果があります。食事の場とは別に、ゆったり過ごせる場をつくることが大切です。

食事の場とくつろぎの場をつくる際のヒント

食事の場は家でいう「ダイニングキッチン」の部分です。冷蔵庫・食器棚・家電製品一式があり、入居者・家族が使いやすいところに置くとよいでしょう。特に、湯のみなど手の届く位置にあるとお茶が飲みやすくなります。

また、くつろぎの場は家でいう「居間」の部分です。くつろぐためには、TV・カレンダー・時計・観葉植物などを業務の都合ではなく、入居者の居心地のよさを考えて設置しましょう。例として、右写真のようにソファを外の気配を感じられる位置に置くとよいでしょう。

視点 ❻　　　　　　　　　　　　　　　　　　　　　　　　　ユニットを暮らしの場にしよう

21 リビングには、入居者が見たり使ったりできる新聞や雑誌、お茶の道具などがありますか

❓ 考え方

　通常、自宅のリビングはどのように使われているでしょうか。くつろいだり、談笑の場になっています。自宅と同じように、手を伸ばせば届く位置に新聞や雑誌が置いてあったり、気軽にお茶が飲めるように急須や湯のみが置いてあることが大事なことになります。また、どの家でも植物や花があるでしょう。そうすることで、リビングが入居者も家族も気軽に過ごせる場所になるでしょう。

✔ 実施に向けたチェックポイント

- リビングに、入居者が自由に見ることができる新聞や雑誌が置かれているか
- リビングには、入居者や家族、職員等が自由にお茶を飲めるように、手が届くところにポット、茶筒、急須等が置かれているか

Q　お茶の道具などを置くのは危険ではないでしょうか？

　A 急須や湯のみ、コーヒーカップなどが食卓のテーブルに置いてあるのが、普通の家庭の風景、暮らしを感じられる空間です。大切なのは、「暮らしの形」が保たれているか、「入居者が主役になっているか」ということです。

　一般的に危険だからというのではなく、どの人のどの時間に危ないのかを知ってサポートしていかないと、私たちは本当のプロにはなれません。そうでないと、施設は殺風景なただの空間になってしまいます。

　先入観にとらわれず、まずは安心して入居者が手にできる位置に置いてみることです。それから、危険ではない場所はどこかと位置を変えていけばよいと思います。意外といろいろな発見があるものです。

　認知症の人でも、ご飯の盛り付けやお茶を入れてくれたり、包丁でりんごの皮を器用にむく人もいます。

新聞や雑誌、お茶の道具などを置くことの効果

お茶の道具が食卓にあると、自然と誰かがポットから湯を急須に注ぎ、そのうちに皆の湯のみに注ぐ人がでてきます。またはお互いに注ぎあったり、来訪者にお茶をすすめたりする人もいます。これが日本の食卓の風景です。ここから会話も弾みます。

食事の時間になると、皆より少し早くリビングに出てきて、全員の湯のみにお茶を入れることを楽しみ（その人の役割）にしている人もいます。

いつもお茶やコーヒーが飲める生活、素敵だと思いませんか。でも、これが日常的なことなのです。

新聞や雑誌、お茶の道具などを置くためのヒント

入居者がお茶を入れやすいように、食卓の上ではなく、少し低い小テーブルにお茶の道具を置く工夫もいいでしょう。

認知症で、その人の行動がわからない場合は、最初、お茶の道具などは軽くて割れにくいものを置いて様子をみます。行動が予見できる人がいる場合は食卓に置く工夫も大切です。湯の温度設定を低くしている施設もあります。

視点 ❻ 　　　　　　　　　　　　　　　　　　　　　　　　　　　ユニットを暮らしの場にしよう

22 ユニットには、観葉植物や生花が飾られていますか

？ 考え方

　皆さんの家の多くには、観葉植物や生花が飾られていることかと思います。緑があるとホッとしますよね。折り紙や色画用紙でつくった緑ではなく、本物の観葉植物や花を置くことで、においをかぐことができたり、水をやることが習慣となり、何よりも癒しとなります。今までと同じように身近なところに本物の緑を置くことが大事です。

✓ 実施に向けたチェックポイント

- ユニットに、家庭でみられる観葉植物や生花等が飾られているか

Q 入居者が間違えて花などを食べたりしないのでしょうか？

A 観葉植物や生花が飾ってあるリビングや食卓は、くつろぎの場、癒しの空間であり、生活感があります。何といっても、家でも花や観賞用の植物があるでしょう。

　認知症で異食（花などを間違って食べる）の可能性がある人には、手の届かない（他の人からは見える）場所に置くなどの工夫をすればすむことです。それよりも、テーブルに飾られた一輪の花（造花ではなく、季節を感じることのできるもの）の価値を大切に考えたいものです。

　設えた環境のなかで、安全かつ快適に暮らすための事故防止など、その人の行動パターンや生活習慣などの情報を十分に活用することで、その人の行動を予見することができます。

　実際例として、鍵付きだった認知症病棟をユニット型に建てかえ、リビングに花を飾ったところ、1つも食べられることがなかった施設もあります。居心地のよい環境を整えることが大事です。

観葉植物や生花を飾る効果

なぜ病院にお見舞いに行くとき生花をもっていくのでしょう。癒され、元気が出るからです。

花は季節を感じさせ、「もう梅が咲いたのね」などという会話が生まれます。そして、毎日自分の食卓や廊下に生けてある花に水をやる入居者もいます。それが楽しみ（習慣）であり、生きがいでもあるのです。入居者が喜んでくれるならと、自宅の庭の花を持ってくる若い職員の励みにもなり、職員の感性を磨いてくれます。

誰にとって危険なのかを想定して、癒しの効果や、魅力的な観葉植物などをどこにどのように置けば安全で、効果的かを考えましょう。

観葉植物や生花を飾る際のヒント

認知症の入居者すべてが異食行為をするわけではありません。異食のある人がいつも座るテーブルでは、手の届かない位置に花を飾ればいいのです。この際、造花はやめましょう。季節の花でこそ、四季や癒しの食卓の演出が生まれます。毒性がなく、トゲのない花を選んで飾る心がけも大切です。

食卓に花のある生活を、他の入居者のためにも大切にしましょう。

観葉植物を枯らしていませんか？

施設見学に伺うと植物や生花がたくさんある所は癒されます。よい介護をしていると感心しても、一鉢の植物が枯れていたら……。やはり、細かな所に目が行き届いていないのだと思います。入居者にも植物にも、いろいろな所に気がつける人になりたいですね。

視点 ❻ ………………………………………………… ユニットを暮らしの場にしよう

㉓ リビングの採光や照明に配慮していますか

❓ 考え方

　リビングはご飯を食べたり、くつろぐ場です。人が集まるリビングに陽が差したり、照明が明るい、ということは大事なことになります。しかし、ただ明るければいいということではありません。照明の色や形に配慮しましょう。また、食卓の照明も高さや位置を工夫し、配慮しましょう。

✔ 実施に向けたチェックポイント

- リビングの照明は、長管形蛍光灯に偏っていないか
- リビングは窓から外の景色、日光、季節の移ろい等を見たり感じたりできるように使われているか

Q 採光や照明が、ケアに関係あるのでしょうか？

　A 昼夜逆転をする、眠りが浅い、朝なかなか覚醒しきれない、寝起きの頃に興奮してしまう等の理由で、睡眠導入剤や睡眠薬などに頼ってはいませんか？
　人には、「体内時計」があるというのを聞いたことがあると思います。生体リズムを刻むために備わっているもので、1日24〜25時間制で、1時間のズレがあるといわれています。そのため、朝に太陽の光を浴びて、その光の刺激で、体内の深部体温の上昇とともに身体を覚醒させ、体内時計をリセットし、時間をあわせようとします。これは、人間がもつ自然な身体の仕組みで、体内時計が「光」によって制御されているということがわかります。
　このような仕組みを、時間や光の量を調整することで、良質な睡眠や気持ちのよい目覚めにつながると考え、その効果をケアに活かさない手はありません。窓から差し込む自然の光がより有効と考えられますが、照明の色や濃淡、角度を調整することで時間感覚の調整が可能となることもあります。
　部屋を明るく照らすだけが照明や採光の役割ではありません。こうした仕組みをケアのなかに取り込むことで、それぞれの生活リズムを整え、昼夜のメリハリがついた

生活の営みにつながると考えられます。

【住まいの空間を豊かにする一室多灯の照明計画】

　住まいの空間演出を効果的にするためには、さまざまな種類の照明の組み合わせがお勧めです。

　◎**全体照明・直接照明**
　　部屋をまんべんなく照らしてくれる／平坦な印象になりがち
　◎**間接照明**
　　反射の利用で穏やかな光で照らしてくれる／生活光としては不十分
　◎**部分照明・補助照明**
　　必要な位置をポイントで照らしてくれる／光の強さが方向によって異なる

一室一灯

一室多灯

採光や照明に配慮することの効果

ここでは、光の色と濃淡について考えてみます。

光の色

光の色は、暖かさや涼しさなどの温冷感にも関係しており、空間の快適性にも影響を与えるといわれています。例えば、穏やかで暖かみのある落ち着いた雰囲気にするためには、オレンジ色を帯びた光の白熱灯がよいとされています。逆に、涼しげで清々しい雰囲気にするためには、白さを帯びた光の蛍光灯等がよいとされています。

また、食事などの演出でも光の色は重要で、ゆっくりと楽しむ雰囲気をつくりだすためには、先に述べたようなオレンジ色を帯びた照明が適しています。白熱灯で照らし出される食材は、色味のバランスがよく見え、陰影を出すため食欲を引き立たせる効果が期待できるとされています。

光の濃淡

1日24時間の時間の流れにあわせた太陽の動きと光の色を想像してみてください。

朝、太陽が昇り始める時間、太陽はオレンジ色に近い光を放っています。日中は、太陽がもっとも高い位置にあり、白く強い光を放っています。その後、夕方にかけて再びオレンジ色に変化しつつ、ゆっくりと沈みながら周囲の光を暗くしていきます。この自然な仕組みが、人間の体内リズムと生体リズムに大きく影響しています。

たとえば、朝、ゆっくりと身体を目覚めさせていくためには、時間帯によって変わる太陽の光の強さを利用することで、目覚め始める身体に少しずつ光を感じ、自然な目覚めを促します。

体内時計のリセットにも効果的であることは先にも述べました。一方、夕方の白色の強い光からオレンジ色に移りゆく光の変化は、活動的な時間から、少しずつ身体や神経を鎮め、徐々にくつろぎやリラックスした状態へと導き、眠りに向けた心身の準備へとつなげていきます。このように、本来習慣化されていた自然の仕組みは、採光や照明の照度の調節を図ることで、人間の体内リズムと生体リズムを整えるために有効です。

採光や照明は、それぞれの空間の目的・用途にあわせた照明計画をすればより多彩な演出が期待できるので、ケアの1つの道具として考えない手はありません。

図表23

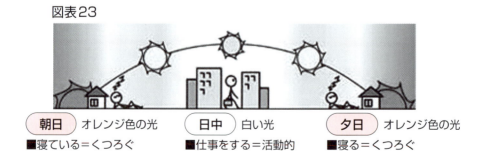

採光や照明に配慮する際のヒント

　採光は、季節や天気の影響から照明よりも変動が大きいため、室内で求める採光の目安は、窓から入る光と外の光の差が、その変動のなかでもどの程度あるかを考えた設計であることが望ましいです。ですから、日当たり具合や方角なども考慮して、窓の大きさや形などを考えることをお勧めします。建物の中にいながら日の光を感じる住まいは、住まい手にやすらぎと満足感などの心理的効果を与えます。

　しかし一方で、日当たりによる室内温度の上昇やそれに伴う体温の上昇などには十分配慮が必要です。特に西面は、午後の気温の上昇時と重なるため、薄地のカーテンやブラインドなどで光の調整が必要です。

　また、窓の設定においては、日当たりや採光などの物理面の機能だけでなく、景色や開放感からくる心理的なやすらぎなどの効果もあります。

　照明は光の変動がないため、安定した光の供給ができます。特に建物内においては、廊下や空間の仕切りの角などは、比較的影をつくりやすい空間になるため、照明は必ず必要です。また、こうした空間の影は、一定ではなく人が動くことによっても、その影が動きます。そのため、照明の位置や光の強さはこうした部分にも配慮した設置をすることで、光の濃淡の効果を得られ、危険回避にもつながると考えます。

　しかし、採光で得られる自然の光、そしてその光を取り入れるための窓からみえる景色などの心理的な効果は、照明にはないといえます。

　このように、採光や照明を考える場合には、単なる日当たりのよしあしだけを考えるのではなく、それぞれの特徴とそこに住まう高齢者の特徴をよく理解した住まいの計画をたてることが大切です。

視点 ❻　　　　　　　　　　　　　　　　　　　　　　　　　　　ユニットを暮らしの場にしよう

 24 暮らしぶりや人間関係に配慮したテーブルやソファを配置していますか

❓ 考え方

多くの家庭には、食事の場として食事のしやすいテーブルとイス、くつろぎの場としてゆったりできるソファと物が置けるテーブルがあると思います。施設だからといって数台のテーブルを一列に並べてしまうと、食堂になってしまいます。施設も入居者の暮らしの場です。テーブルは、分散配置をし、気の合う入居者が座れるようにしたり、異なる時間で食事ができるよう配置することが大事です。

食事の場とくつろぎの場の暮らしの機能はそれぞれ異なりますので、家具の活用も異なるのが普通です。ソファは、くつろぎの場に置きましょう。

✔ 実施に向けたチェックポイント

- 食卓は分散配置されているか（最低2つ以上の食卓があるか）
- テーブルやソファ等の配置は、介助する側の都合を一方的に優先した配置になっていないか。また、家庭的な配置になっているか

Q 入居者全員が使用できるソファを用意する必要があるのでしょうか？

A 普通の暮らしのなかで家族全員が一緒に行動をし、一緒にソファや食卓いすに移動する姿を想像することは難しいのではないでしょうか。上手に間合いを計ってタイミングをずらしたり場所を変えたりしながら、自らの居心地のよい場所を見つけられるものではないでしょうか。

ソファに座ることができなければ、食卓いすなどを持ってきたり、部屋から持ち出しておやつを食べながら、皆さんでお話をする場面があると思います。

必ずしも、すべての物を人数分用意する必要はないでしょう。物には役割と意味があります。そのことを踏まえた物の整備を考えましょう。

暮らしぶりや人間関係に配慮した家具の配置がもたらす効果

　その人なりの居心地のよい場所を見つけるなかで、その人なりの暮らしのあり方が見えてきます。ソファに座るときも、テレビが好きな人はテレビの正面に、1人でゆっくりしたい人は外でも眺めながら、話好きな人は話好き同士。こういった場面を見つけて、そのシチュエーションにあったソファの配置をしていくと、自然と入居者同士の関係がつくられていきます。

　暮らしのなかで、空間をつくり、空間のなかから人間関係をつなぎ出す、家具の配置を考えるだけで、こうした効果を生み出します。

暮らしぶりや人間関係に配慮して家具を配置する際のヒント

　空間や物があるだけで、入居者が自分で勝手に居場所を見つけるものではありません。居心地のよさや暮らしやすさを感じる環境にするためには、入居者や家族の話を聞き、仕掛けをすることが必要です。

　あわせて、入居者一人ひとりの1日の過ごし方をよく観察し、日常的な行動パターンが、どの空間を中心に、どのように展開されているのか、その動線を考察することにより、他者とのかかわり方や、必要な物は何か、必要に応じた配置やあり方がみえてくるでしょう。

　例えば、認知症で徘徊がある方を考察したところ、「自分が他の入居者の見守りをしなければ」という理由で徘徊していました。リビング全体が見渡せる場所にいすを置いたところ徘徊がなくなりました。また、お花が好きな方に鉢植えを置いて手入れができるようにするといったことも効果がありました。

視点 ❻ ･･･ユニットを暮らしの場にしよう

25 各リビングに個性があり、同一の設え(しつら)にならないようにしていますか

❓ 考え方

　ユニットとは「1軒の家」です。となりの家が同じ設えということはないでしょう。自分の家とわかる（認識できる）ことで、入居者の暮らし続ける意欲がわき、居心地が得られます。そして、入居者の個性が発揮できる環境は自ずとユニットに個性が出ます。まずは、入居者一人ひとりに目を向け、その個性を出してもらうようにしましょう。

✔ 実施に向けたチェックポイント

- 各ユニットのリビングに個性があるか（テーブルの配置、ソファの置き方、設え、観葉植物等）

❓ 同じつくりで同じ家具が用意されている場合は、どのようにしたらよいのでしょうか？

A 同じつくりや同じ家具でもその置き方や飾りつけで個性が出てきます。まずは一人ひとりの入居者がどのように暮らされているのかを、24Hシートを使って把握します。

　次に、その暮らしがどの場所で行われているか、またどの場所で暮らすと心地よいのかを把握します（1人で何かをしていることもあれば、友人とお茶を飲むこともあるでしょう）。

　そして、その人たちの暮らしにあわせてどのような設えが必要かを考え、試してみます。本人や他の入居者と話をしながら一緒に設えてみるのもよいでしょう。

　あとは、意見を聞いたり暮らしぶりをみながら、必要であれば設えを少しずつ変えていきます。

　一人ひとりの暮らしは異なるので、必ず個性が出てきます。あせらずに積み上げていくことがコツです。

リビングに個性を出すことの効果

　リビングに個性を出そうと考えずに、入居者一人ひとりの暮らしに目を向けてコーディネートするという視点をもつと自然に違いが出てきます。

　一鉢の花を育てることで、あるとき、入居者が水やりをしてくれるようになります。花を育てるために光や水を気にするようになり、やがて気温や風といった自然も感じるようになっていきます。豊かな暮らしとは小さなことの積み重ねではないでしょうか。

リビングに個性を出す際のヒント

　あるもので何とかしようという発想にとらわれると、何もできなくなります。次に「紙を使って…」という考え方になるかもしれません。頭を柔らかくひとひねりしてみましょう。

　例えば大きな壁があれば、絵をかけてみてはどうでしょうか。絵を購入するのに費用がかかるというのであれば、地元の画家に、ギャラリーとしての活用をはたらきかけてみてはどうでしょうか。家族のなかに芸術家がいるかもしれません。こうしたはたらきかけが家族や地域との関係をつくることにつながります。

　そして飾らなくてはと無理に思うことも禁物です。家に置いてあるものが、どのくらいの物・数かを考えるとよいでしょう。

視点 ❻ 　　　　　　　　　　　　　　　　　　　　　　　ユニットを暮らしの場にしよう

26 浴室・脱衣室は、入居者のプライバシーと清潔感に配慮していますか

❓ 考え方

温泉の浴室や脱衣所はどうなっているでしょうか？　まずは、清潔です。汚れ物や掃除用具は見える場所にありません。タオルも決められた場所にきちんと整理されているでしょう。それがホスピタリティです。不潔にならないようにしましょう。

✓ 実施に向けたチェックポイント

- 浴室・脱衣室には洗濯前の衣服や使用済みの排泄用品、掃除用品、タオル等が散乱しているようなことはないか（排泄用品の保管・処理方法を含む）
- 浴室・脱衣室は清潔感があるか（長靴・モップ等が散乱していない）

Q 掃除用具や汚物等はどのように片付ければよいでしょうか？

A お風呂に入る、または入っている時に、掃除用のモップやサンダルなどが見えていたらどのように感じるでしょうか？

片付ける基本は「原則、見えなくする（収納する）」ことです。収納するものがなければ、インテリアショップで蓋のついたかごを購入したり、モップやサンダルを入れる収納家具を用意するとよいでしょう。物を置く棚があるのであれば、目隠しをするというのもよいアイデアです。注意点として、目隠しをすると整理整頓がされないことがあります。

定期的に整理整頓をすることが大切です。

かご

脱衣室収納

プライバシーと清潔感に配慮することの効果

　浴室というスペースは、カビが生えたり雑菌が増えたりします。せっかく清掃しても、ブラシやモップ、長靴があっては雑菌が繁殖します。古い入浴用品がないように整理整頓しましょう。

　また、浴室は裸になる場所ということも忘れてはなりません。お風呂に入るという行為は、気持ちのいい環境からスタートします。ゆったりと、気兼ねなく入浴することは日々の暮らしの大切な一部であり、施設が"すみ家"として認識されることで、日々の暮らしを落ち着いて過ごすことにつながると考えられます。

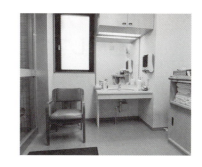

プライバシーと清潔感に配慮する際のヒント

　浴室というスペースは、湿気が多く、長時間室温が上がった状態となるので、細菌の温床になります。消毒という考えもありますが、一番は清掃と乾燥を心がけることです。感染症予防のためにも、「清掃、乾燥、整理整頓」が大切なキーワードです。そのため、浴室の写真や収納の写真を撮影したものを会議や研修の時に見てもらうようにしています。言葉よりも理解がしやすいのではないでしょうか。

　もう1つ、裸になる場所という視点からどうしても介助が必要な方には、なるべく裸を見られないように、マンツーマン入浴の実践・福祉機器などを使っての少人数介助にします。同性介助や話しかけにより雰囲気をつくるといった方法もあります。常にプライバシーを意識することが大切です。

視点 6　　　　　　　　　　　　　　　　　　　　　　　　ユニットを暮らしの場にしよう

27 トイレは、入居者のプライバシーと清潔感に配慮していますか

❓ 考え方

　トイレという言葉を聞いただけでも、においや汚物のイメージがわきます。まさに排泄物を処理する場所ですので、当たり前の反応です。排泄は生きていくために欠くことのできない行為です。それも人知れずそっとしたい行為です。まずは、においがないことが基本です。そのためにも汚物は置きっぱなしにせず、指定した場所にその都度運びましょう。プライバシーを守るためにも、扉はきちんと閉め、清潔感に配慮しましょう。

✓ 実施に向けたチェックポイント

- トイレはプライバシーへの配慮がなされているか（排泄用品の保管・処理方法を含む）
- トイレは排泄物のにおいが著しく残らない工夫をしているか
- 使用後の排泄用品が、トイレ内にむき出しのまま置き去りにされていないか
- トイレ内は清潔感があるか（長靴やモップが散乱していない）

Q 排泄物のにおいへの配慮はどのようにすればよいのでしょうか？

A まずは、早く片付けることが大切です。入居者が失禁した場合に、他の入居者にわからないようにさり気なく支援をすることが大切です。日頃から職員全員が入居者を把握し、情報交換しながら連携することが求められます。

　排泄に関しては病気からくることや、腹圧が足りないなどの要因も考えられますので、医療やリハビリ、管理栄養士の協力も不可欠です。

　そのためには、まず情報を収集し、ケア会議などで専門家の意見を交えて対策を考えます。ユニットミーティングとケア会議、看護ミーティングなどが連携されていない場合、対策の統一性を欠いてしまうことがあります。また、せっかく会議が連携されても24Hシートなど書面に落とされていなければケアがバラバラになってしまいます。

プライバシーと清潔感に配慮することの効果

　排泄は落ち着く環境で行うことが望ましいです。

　汚いトイレだと、利用している方は「なんかにおう（汚い）」「急ごう」と思い、"粗相をしてしまう"ことになるので、落ち着いて自分のペースで排泄を行えることがとても大事です。

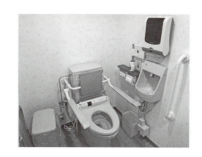

　援助を行う際にも、なるべく介助時間を短くできるようその方がどのような排泄方法をされるのかデータを取り必要な介助を明確にし、介助方法も職員間で統一をしましょう。

　医療面やリハビリ、栄養面のサポートがあると排泄回数が減るということもあります。

　排泄が終わったあと、なるべく早くに入居者の見ていないところを見計らってさり気なく、排泄用品の片付けや簡単な清掃、換気を行いましょう。そのためには排泄後の行動パターンなどを把握することが必要です。

　清潔な空間で自分のペースで排泄をし、必要最小限の介助を行うことで、業務量が減りプライバシーが保たれるといった効果が期待できます。

プライバシーと清潔感に配慮する際のヒント

　トイレットペーパーを取るのが大変そうな入居者の事例では、ペーパーを取りやすくしようと自立型のトイレットペーパーフォルダを置いてみました。取りやすくなったことで、職員の介助が少なくなります。自分でできる幅が広がればプライバシーはよりいっそう保たれるでしょう。

　また、24Hシートなどに「トイレの使用後の対応」を記載することで、使用後の排泄用品を、本人や周りの入居者にわからないようにすぐに片付けるよう統一することもできます。清掃道具をむき出しにしないよう、インテリアショップからおしゃれな収納家具を購入したユニットの事例もあります。

　医療との連携により病気が発見され、投薬により排尿回数が落ち着いたり、オリゴ糖を飲むことで便の調子がよくなり、何度もトイレに行かなくなったという事例もあります。

視点 ❻ 　　　　　　　　　　　　　　　　　　　　　　　　ユニットを暮らしの場にしよう

28 少人数ごとに浴室を配置していますか

❓ 考え方

　なぜ、少人数ごとに浴室があるとよいのでしょうか。ユニット型施設であれば、1ユニットは「1軒の家」と同様ですので、ユニット内に浴室があるとよいでしょう。少人数単位であるメリットは、①移動距離（動線）が短いことにより入居者・職員の負担が少なくなります。移動中に入居者の気が変わることも少なくなるでしょう。②気楽にいつでも利用が可能になります。順番を待って使用する手間もなくなり、臨機応変に対応することができます。

✔ 実施に向けたチェックポイント

- 浴室は少人数ごとに分散配置しているか
- ケア方針や教育指針等に、マンツーマン入浴を実施しているか記載されているか

〈分散配置していない場合〉

- マンツーマン入浴が可能となる体制について、ケア方針や教育指針等に記載し、職員が説明することができるか（入浴時間の調整、浴室の使用方法等）

Q 浴室を分散すると、職員の作業量が増えませんか？

A まずは万歩計をつけて計測してみてください。ユニットに浴室があるのと、施設に大浴場が1つある場合だと、明らかに大浴場のほうが動線が長いことに気がつくと思います。

　次に、マンツーマンと流れ作業ですが、マンツーマンだと入居者のことがよくわかっているので、入居者のできることを引き出すことができます。それが流れ作業だと、頭を洗うことができる入居者の頭を一生懸命職員が洗うという"余計なお世話"をしてしまうことがあります。

少人数ごとに浴室を配置することの効果

　大浴場と浴室が分散されている場合とを比較すると、大浴場は必ず本人と職員以外に誰かがいます。"誰か"がいるとゆっくりと入浴できるでしょうか。また、プライバシーを守ることができるでしょうか。

　ゆっくりと入浴できないと"落ち着かない"ですし、ゆっくりとなら自分で頭が洗えることもあります。

　お風呂は「ふぅ～」といいながらゆったりと入りたいものです。そして、裸になって介護を受ける入居者の気持ちを忘れないようにしましょう。そして何より、浴室までの移動距離が短いのは、入居者・職員ともにメリットでしょう。

少人数ごとに浴室を配置する際の注意事項

　建物では、1つのユニットに1つの浴室があることが理想です（動線が短くなります）。その建て方は、入居者と職員2人が入るに足る広さでよく、家と同じように、洗濯機がある脱衣場と浴室があるとよいです。

　分散配置は、なじみの関係でユニットの入居者を担当します。マンツーマンで対応しているのですが、どういうわけか別のユニットの職員が対応しているという話を聞くことがあります。これは、分散配置とマンツーマンの意味が理解されていないことになります。

　マンツーマンで対応するということは、その人のことを理解している職員が対応するということです。理解していない職員が対応すると不安になり、落ち着きもなくなり、余計なお世話も発生します。

視点 ❼ ……………………………… 地域での暮らしを実感できる場をつくろう

29 ユニットを1歩出た場所には、雑談をしたり1人になれる場所がありますか

❓ 考え方

ユニットから1歩出たところを、セミパブリックスペースと言います。例えば、入居者が家族や他のユニットの入居者と井戸端会議をしたり、1人になれる場所のことです。そこには、観葉植物や花、ソファや机を置くとよい環境になります。あくまで入居者が中心となって活用する場になります。そして、大事なことは本物志向です。リビングと同じ設えでは「街」のような雰囲気は味わえません。

✔ 実施に向けたチェックポイント

- スペースの広さや数は問わないが、ユニットから身近な場所に、リビングとは異なった雰囲気の場所があるか
- 入居者や家族が気軽に使える場所が、ユニットを1歩出た場所にあるか（いすやテーブル等が配置されている、テラスや中庭が利用できる等）
- ユニットを1歩出た場所は、職員の往来が頻回で落ち着かない雰囲気になっていないか

Q ユニット以外に1人になれる場所をつくる必要があるのでしょうか？

A ユニット内における居室以外の共有空間では、互いを尊重しつつ集住の価値を見出した暮らし方が生まれます。しかし、そのなかでも大切にしたいのは、ゆったりとした時間が流れるなかで穏やかな共同性が育まれることではないでしょうか。入居者が重度化する傾向であるからこそ、身近な空間のなかで個と共同の時間を大切にするための仕組みが重要になります。

ユニット外のスペースを活用して、外に面した眺めのよい静かな空間に、何気なく置かれているいすやテーブルがあれば、他者との関係を一度リセットする時間となり、ゆったりとした時間のなかで景色を眺めることができます。こうした自分だけの時間・空間で、気持ちを静めたり、切り替えたりすることができる場所があるからこそ、他者との交流にも関心をもてるのかもしれません。

セミパブリックスペースがあることの効果

　ユニット内で生活が完結してしまわないようにセミパブリックスペースの存在が必要になります。具体的にはユニットを超えた仲のよい入居者同士が集まったり、趣味活動（クラブ活動）や娯楽のためのスペースにもなります。重要なことは、その場所をどのように使用するのかコンセプトを明確にして取り組むことが大切です。ユニット内が日常生活の場であれば、セミパブリックスペースは社会性を育む場となります。写真は、各ユニットから希望者を募り、歌を歌う会に参加している様子です。この場の活用で暮らしが豊かになります。

ユニット外に居場所をつくる際のヒント

　ユニット外に居場所をつくる際のヒントを、施設の事例を通して考えてみてください。以前から毎日欠かさず新聞を読んでいたCさんは、テレビの音や他の入居者の話し声がしない静かなところでゆっくりと過ごしたい意向がありました。そのため、いつもユニット外の一角でのんびりと花壇を眺めながら新聞を読んでいます。

　居場所づくりには、広い空間も立派な家具も必要ありません。施設の構造をよく見てください。そして、窓から見える景色や光、そそぎこむ風がどこならあるのか、エレベーター前に数人集まれる場はないか探してみてください。きっと活用できる空間がたくさんあります。

視点 ❼ ……………………………………………… 地域での暮らしを実感できる場をつくろう

30 趣味や習いごとを楽しめるよう サークル、クラブ活動が開催できる 場所がありますか

❓ 考え方

施設の建物には、暮らす場（家）と暮らしを楽しむ場（街）の両方があります。施設入居したことにより、今までの社会的活動ができなくなるのでは生きる意欲がしぼんでしまいます。そこで、入居者が趣味としていたことや習いごとができる場（公民館やカルチャースクールのイメージ）を、普段の暮らしの場ではないところにつくることが大事です。

✔ 実施に向けたチェックポイント

- セミパブリックスペースは、趣味活動ができる場になっているか
- サークルやクラブ活動の活動内容、利用人数が記録されているか（ケース記録・活動記録・日報・写真等でも可。頻度は週1回以上）

Q 多くの人が集まれる場所がない場合は、どのようにしたらよいでしょうか？

A 入居者がどのような楽しみを行いたいかは人によって異なり、その日の気分によっても変わってくるので、そのニーズは多種多様であることを踏まえ、例えば月や週単位で多彩な趣味や習いごとを楽しんでもらえるように、多くのサークルやクラブ活動を企画していくと、入居者は自分の参加したいメニューに参加するようになります。そうすると、自ずと1つの場所には大勢の人が集まることはありません。ですから、広い場所がなくてもちょっとした空間で十分活動は可能です。

また、天候や季節に左右されますが、戸外空間や地域の資源を上手に取り込んで活用することがあってもよいでしょう。ハードを変えるのは容易ではないので、創意工夫をして仕掛けを柔軟に考えていきましょう。

例えば、施設の外に設けられているテラスや近くの公民館を活用したり、地域の中で定期的に開催されているサークル活動等への参加が考えられます。

サークルやクラブ活動のもたらす効果

　私たちの暮らしは、食べる・寝るなどの生命を維持することに加え、暮らしを楽しむ場でもあります。

　施設に入居して何もせず毎日単調な暮らしでは、「何もすることがなくてつまらない」「自宅に帰りたい」と思うのが自然ではないでしょうか。

　日々の生活のなかに「自分で選択して参加して楽しむ」多種多様な活動を企画・運営していくことで、入居者の日々の暮らしに豊かさと充実感を与えるものになるのではないでしょうか。

　そして、これからの重度化対策としては、自ら参加せずとも、隣で見ている、音が聞こえる、そのような場があることが重要です。

狭い場所でサークルやクラブ活動するためのヒント

　参加者が多ければ、時間差をつけて参加をお願いするのも工夫の1つです。もし何十人も参加する活動であれば、フロアごと、または夜勤単位の2ユニットごとに分ける等で対応できます。

　例えば、実際に日中の活動が充実している施設であれば、100人の入居者がいても絵手紙サークルには10人前後、折り紙サークルには15人前後、陶芸や織物サークルには数人と、選択できるだけの活動があれば、大勢が1つの活動に集中することはありません。

　狭い空間だからこそ、仲間との距離が近づき、仲間意識を強めたり会話が弾むなどメリットがあります。空間の狭さを逆手にとった発想が大事かもしれません。

視点 ❼ ……………………………… 地域での暮らしを実感できる場をつくろう

31 施設内に街の雰囲気を感じる場所があり、活用されていますか

❓ 考え方

外出することが可能な入居者は、地域の理美容店や喫茶店、スーパーに気軽に出かけられます。しかし、出かけることが困難な身体状況にある入居者もいますので、暮らしを継続していただくためにも、施設内に「街」の雰囲気を感じられるような場をつくり、利用していくことが大事です。

✓ 実施に向けたチェックポイント

- パブリックスペースは、ユニットやその周辺の暮らしの空間とは違った、街での暮らしを味わえる雰囲気になっているか（喫茶店・売店・移動販売等の設置がある）
- パブリックスペースの活動内容、利用人数が記録されているか（ケース記録・活動記録・日報・写真等でもよい）

Q どのような人が空間づくりや運営にかかわるのが望ましいのでしょうか？

A たとえスペースがあっても、具体的な使われ方がイメージできないと、設えや継続的な運営は不可能です。ソフトとハードの融合なくして、望ましい活用は図れません。

入居者、その家族や地域の方々、あるいは職員も含め利用してみたいと感じる場所づくりが大切です。例えば街にある喫茶店、レストラン、カルチャーセンターといった場を、できるだけ本物志向で設えるとよいでしょう。そのための空間づくりには、先進施設を見学したり、設計事務所などのその道にかかわるプロのアドバイスを受けるのも一案です。

また、実際の運営のポイントは、誰が担当するかです。より本格的なレベルのものを目指してほしいので、運営メニューの専門家や、資格のある人にかかわってもらうのが望ましいでしょう。運営をボランティアにお願いする場合、受入れ窓口を専任できるのであれば一番よいのですが、専任で置けない場合は、事務職や生活相談員等でチームを編成し、担当するとよいでしょう。

空間づくりがもたらす効果

自立歩行のできる認知症のあるAさん（女性）の事例では、特定の入居者への暴言などの攻撃的態度が目立ちました。Aさんが昔元気だった頃に華道を教えていたことを踏まえて、パブリックスペースの一角に公民館のような雰囲気のある活動室を設けて華道クラブを週1回企画して、Aさんに指導者になってもらいました。

その結果、自身の存在価値と役割を見出したことで、落ち着いた言動がみられるようになりました。ユニット外のスペースを上手に活用して、暮らしにメリハリをつけることで、入居者が自分と向き合ったり、自分を委ねることにつながり、他者を意識したよい関係を築くことができると思います。

街の雰囲気を感じられる場所をつくるヒント

ある施設の開設当初の事例では、パブリックスペースやセミパブリックスペースを確保したものの、ケアのことで精一杯でほとんど活用されない状況でした。ユニット内が落ち着いてきたところで、ようやくユニット外の活用について、年度ごとの事業計画に入れながら取組みがスタートしました。

具体的には、建設構想当初の住民説明会で意見として出された本格的な「陶芸工房」の開設、先進施設の視察からアイデアを持ち帰り実現した「さをり織り工房（機織り）」、職員同士のプロジェクトから提案された「100円ショップ（売店）」等地域の方々や入居者、家族に喜ばれる場所をつくってきました。

図表31　プライベートとパブリックの関係性

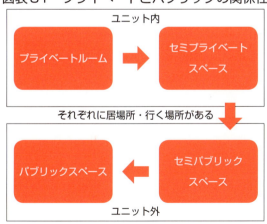

視点 ❽　　　　　　　　　　　　　　　　　　　高齢者の視点にあわせた設えにしよう

32 時計や絵画、カレンダー等は、入居者の目線にあうように掲示されていますか

❓ 考え方

普段私たちが目にしている掲示物の高さは立っている時を基準にした高さです。しかし、入居者は、車いすを使用したり、背中が曲がってきたりして、目線が低い位置になっていることが大半です。したがって、掲示物の高さを普段と同じにすると入居者には高すぎます。暮らしの主役は、入居者であることを考えれば、必然的に位置が決まってきます。車いす目線の高さにしましょう。

✔ 実施に向けたチェックポイント

- 施設全体の時計・絵画・写真・カレンダー等の掲示物の高さは、入居者に見てもらうことを前提とし、極端に高い、低い位置に掲示されていないか
- 絵画や写真は額縁等を使用して、無造作に壁に飾ることはしていないか

Q すべての物を低い位置にするのは、不自然な設えになりませんか？

A 設えを整える場合、最も注意（配慮）したいのは、自分の住まいであり、くつろげ、安心して生活の継続が可能となる空間整備の意識です。

世の中は、立った人の目線になっています。これでは、車いすを使用している人や背の低い子どもには見えません。施設では、車いすを使用する人が多いですが、施設の廊下やリビング等は比較的狭く、車いす上の目線からは見上げる格好になります。高齢者は、高い場所は視界から外れてしまい、せっかくの設えが意味のないものとなってしまいます。設えの高さは車いす上の目線にあわせることが重要です。

しかし、すべての物を一律に低くすればよいというものではありません。例えば、柱時計（掛け時計）は通常、離れた場所から見やすい高所に設置します。これが、車いす上の高さに設置されたらどうなるでしょうか。見えない人には置時計を配置すればよいのです。一つひとつの物の配置と入居者の状況を確認しながら、物の役割が十分に発揮できる高さや配置を検討する必要があります。

視点 ❽ ……………………………………………… 高齢者の視点にあわせた設えにしよう

33 家では飾らない折り紙や掲示物等が飾られていませんか

❓ 考え方

　施設は「入居者の家」です。家では飾らないのに、なぜ施設では折り紙でつくった花を飾ったり写真をペタペタ貼ることがあるのでしょうか。白い壁があるなら、絵画を飾りませんか。きちんとフレームに入った写真を飾りませんか。暮らしの主役が高齢者であることを考えて掲示しましょう。また、職員向けの掲示物は、「入居者の家」ではなく、休憩室や職員用玄関など職員が利用する場所に掲示しましょう。

✓ 実施に向けたチェックポイント

- 家では飾らない折り紙や掲示物等が、リビングや廊下等に飾られていないか（展示専用スペース等は除く）
- 飾り付けや設えは、物の役割と意味を考えたうえで、入居者に配慮しているか
- 入居者の写真を掲示する場合は、個人や家族の意思を確認して掲示しているか
- 職員対象の掲示物等は、専用スペースに掲示されているか

Q 入居者が作品を飾ってほしいという場合は、折り紙等の掲示はよいのでしょうか？

A ここでいう「家では飾らない折り紙や掲示物等」とは、職員の勝手な思いで掲示される（飾り付けられる）一連の作品群を指します。大きな壁面等があると殺風景という理由から、何か飾って楽しい空間にするためです。しかし、施設は生活の場であり、入居者は職員にとって人生の大先輩です。幼稚園的な作品を掲示することはやめましょう。

　ただ、入居者の作品の掲示は、これを否定するものではありません。きちんと額に入れて作品として飾る。写真等もアルバム帳に入れる。入居者とその作品に尊敬の念をもって飾る気持ちが必要です。そして、飾る場は入居者自身の部屋です。他の人に見せたいということであれば、セミパブリックスペースに作品を飾るコーナーをつくり、そこに飾りましょう。

第2章　住まいの場としてとらえる

第 3 章
生活習慣にあわせた暮らし

- **視点9** 入居者一人ひとりにあわせた起床・就寝にしよう……………………94
- **視点10** 入居者一人ひとりにあわせた食事にしよう……………………102
- **視点11** 入居者一人ひとりにあわせ、尊厳に配慮した排泄にしよう……………130
- **視点12** 入居者一人ひとりにあわせ、安心・安全な入浴にしよう……………134
- **視点13** 入居者一人ひとりの身体の状態を知ろう……………………140
- **視点14** 家族や地域との関係をつくろう……………………142
- **視点15** 暮らしの充実を図ろう……………………150
- **視点16** ユニット費を活用しよう……………………158

施設は、入居者の「暮らしの継続の場」です。自分なりの暮らしができて、初めて「暮らしの継続」といえます。そのためには、第1章視点②で述べた入居者の暮らし方の根拠（1日の暮らし方を24Hシートでデータ化する）が基本になります。その結果、入居者の暮らしは「人それぞれ」であり、誰一人として同じではないことに気づくでしょう。支援の基本は「人それぞれ」に対応することです。そのために下記のことが考えられます。

- ケアの視点を「1日の暮らし」にし、支援内容を「朝の目覚め～夜寝て次の朝」までとし、内容を細かに検証する
- 「なぜ、ご飯を炊くのか？」など、暮らしの支援の一つひとつに意義を見出し共有し、「ユニットケアだからする」とはしないようにする
- 入居者の生活リズムに沿った支援は、必ず根拠（データ）に基づくものにする
- 目標値を「人それぞれの対応＝個別ケア」に置き、どうしたらできるかを考える体制にする

1 入居者一人ひとりにあわせた起床・就寝にしよう

　起床時の入居者への対応について、一人ひとりに「起きますか？」と声掛けすればよい、と思っている人が大変多いです。それは違います。どの時間がその人の起床時間であるか、把握をしたうえでの支援にならないと、対応する職員により起床時間が違う事態を招いてしまいます。プロの世界は根拠をもつことです。

　「朝食の時間が決められているから、一斉に起こしてしまう」ということをよく聞きますが、その対応策（第1章視点2参照）はいくらでもあります。目指すことは、その人に合った起床介助で、1日は目覚めから始まりますので、ここができてくると入居者の暮らしも「人それぞれ」になっていきます。

2 入居者一人ひとりにあわせた食事にしよう

　「試験に合格した」など特別なことがあると、その夜に「おいしいものでも食べよう」ということがよくあるでしょう。これほど、私たちの日常に「食」は密着し、生きる糧でもあります。同様に施設入居したら、「同じメニュー、同じ量、同じ茶碗、同じ時間、同じ場所、全量摂取、1日3食」はありえません。

　今では、食事の提供方法も、施設内調理、委託業者の調理、セントラルキッチンの活用、外部産業の利用等、幅広くなってきました。何が何でも施設で調理して提供するのではなく、多様な調理形態であっても、永遠に求めることは、「おいしい」食事をどう提供するか、「最期まで口から」の食事をどう提供するか、であることに変わりはありません。

　そして、支援する人は、その食事を「楽しく」食べられるために、テーブルの分散配置や日常と非日常の食事提供等の工夫が求められています。

3 入居者一人ひとりにあわせ、尊厳に配慮した排泄をしよう

誰にも見せたくない行為の1つに「排泄」があります。だからこそ、根拠（データ）に基づいた支援をすることが必須になります。

入居者の1日を1時間や2時間ごとに区切り、「出ているか否か」「量はどの位か」を調べ、医療職と連携し、疾患との関係により、排泄支援用品をその人の時間に合わせたものにし、その人のリズムに合わせて支援していくことが基本です。

その結果、排泄用品の数は多くなりますが、支援の空振りなど無駄を防ぐことになりますので、人件費やコストの削減につながります。不要な排泄介助をすることはプライバシーの侵害になるのではないでしょうか。

4 入居者一人ひとりにあわせた、安心・安全な入浴をしよう

入浴では、裸になりますからプライバシーの保護が基本で、支援の方法で人手も大きく変わります。

ポイントとして、まずは建物の整備があります。各ユニットに個浴とリフトがあることが前提です。移動の距離を少なくすることで入居者にかかる負担と支援の手間が削減できます。これからの重度化には、二人介助で支援する入浴方法から、リフト等の福祉用具を使用した入浴方法へ移行するなど、入居者・職員共に安全に身体を守ることも大事な要素になります。

そして、マンツーマン入浴で入居者のプライバシーを確保します。人手が少ないと集団入浴体制に戻る施設がありますが、このベルトコンベアー方式では、皆が同じリズムで動くことで効果が発揮できるということですが、同じリズムで動く入居者は誰一人いません。マンツーマン方式で、絶えず入居者も職員も動いている体制こそ、無駄がないのです。

さらに、身近（ユニット）に浴室があるとなおさら効率がよくなります。いつもの職員による安心した支援、この時にこそ入居者と1対1のかかわりができます。

5 入居者一人ひとりの身体の状態を知ろう

「施設は家だからバイタル測定などしない」と勘違いしている人が時々います。私達は入居者の暮らしの支援を預かっているからこそ、いつもとは違うことに気づかないといけません。それには、入居者の健常値を知り、違いを知ることです。施設により、計り方はあると思いますが、計っていればいいのではなく、データを読める人材育成といつもと違う時の対応方法をきちんと決めておく（マニュアルにしておく）ことが大事です。

6 家族や地域との関係をつくろう

　多くの入居者が「自宅に住み続けたい」と思っています。それは、住み慣れた家、家族、地域との関係を保っていたいという思いからでしょう。施設入居してもこの思いを実現するためには、施設に技量が求められます。

　入居者と家族のかかわりの年月は、職員とは比べようもない差がありますので、「入居者の基本は家族である」という意識を、職員はもち続けることが大事です。そのために、家族とのコミュニケーションの取り方を工夫します。きめ細かに対応し、家族とも顔なじみになるためには、窓口は生活相談員一人ではなく、ユニットで行うことに効果があります。また、ユニットごとのクリスマス会や外出に家族に声掛けし一緒にすることで、さらに共有が進みます。

　地域の方々との交流には、建物の「街」部分が大きく関係します。この場の活用を進めることがポイントで、レクの講師や喫茶店の運営等を地域のボランティアにお願いすることもいいでしょう。そのためには、施設内には、ボランティアの受け入れ窓口としてコーディネーターを置き、地域への営業マン的な活動を行うことも求められます。待っているだけでは事態は動きません。

7 暮らしの充実を図ろう

　入居者への支援には、まず暮らしの基本行為への支援があります。しかし、そこに終始してしまうと、「施設に入居すると何もやることがなく暇」という声がよく聞かれます。そうならないためには下記の整備が必要です。

・建物の「街」エリアの活用をする
・ユニット職員以外の職員でチームを編成し、企画や運営を担当する
・行事や外出にはマニュアルを作成し、ルールをつくる
・全員一律の行事の参加や全員同じ回数の外出はあり得ず、個別のニーズと生活習慣により対応する
・外出を頻繁に行えるためにルールづくりとして、職員分の経費の負担を決め、外出の届け出の簡素化の工夫をする

　日々の支援に追われるユニット担当職員には、それ以外の余裕は今のところ見当たりません。ですので、施設職員全員で入居者の暮らしを豊かにする対応を検討するチームの存在が、ここでは大事になります。

8 ユニット費を活用しよう

　ユニットケアの特徴として、「権限の委譲」があり、ユニット費の活用と自分たちで働き方を決めること（ユニットごとの勤務表作成）があります。人は、自由にできるお金があることで活動の範囲は広がり、利用者の社会参加として「お金を使う」支援もあります。ユニット費はユニット運営で職員が自由に使えるお金です。しかし、そのお金は、介護報酬の切り分けですので、ルールに従って使用する必要があります。

　クリスマスにある施設では、紙でクリスマスツリーをつくり、壁に貼っていました。「なぜ、本物のツリーを用意しないの？」「ユニット費が支給されないのです。」

　さて、この施設の職員のモチベーションはあがるでしょうか？　ユニット費の活用はこの効果を求めています。

視点 ❾ ……………………………… 入居者一人ひとりにあわせた起床・就寝にしよう

34 起床・就寝ケアは、入居者一人ひとりの生活習慣や意向を尊重して行われていますか

❓ 考え方

施設は入居者の暮らしの場です。それぞれの暮らし方に沿ったケアをするのが職員の仕事です。職員の視点で、一斉一律に起床・就寝させることはやめましょう。それぞれの生活習慣や意向がわかると、目覚めの時間、眠くなる時間がわかってきます。

✓ 実施に向けたチェックポイント

- 起床、就寝について、24Hシートに入居者一人ひとりの生活習慣(リズムやペース)や好みが記載されているか
- 一斉の起床・就寝になっていないか、24Hシートの一覧表で、確認することができるか
- 入居者一人ひとりの起床・就寝時間が、24Hシートに基づいた結果として、ケース記録等で確認することができるか
- モーニングケアを一斉にすることはないか
- 入居者の眠りを妨げる画一的な夜間の見守りをしていないか

Q 1人で勤務することが多い朝や夜に、多くの入居者の意向に沿ったケアを提供した場合、要望の重なりにどのように対処したらよいのでしょうか？

A 1人勤務をする時間帯は緊張し、ときにはあせりがちになります。その結果、対応する優先順位を間違えたり、「ちょっと待ってください」という言葉が出てしまうことはないでしょうか。しかし、入居者のことを一番よく知っているのは介護する職員です。

基本は、優先順位を瞬時に判断することです。どちらがハイリスクなのか、要望の内容は同じなのか異なるのか、その人のADL(日常生活動作)や認知症のレベルは、性格は、など入居者個々の特質を把握して、的確な優先順位を決めます。そのためには24Hシートでデータをきちんととり、また、頭に入れておきましょう。

居室やリビングの環境は、入居者が落ち着ける空間かどうかも大きく影響します。落ち着けない、そわそわした空間に皆さんが置かれたとき、どのような要望を発する

でしょうか。また、自分に職員の意識が注がれていないと感じるとき、皆さんはどのような気持ちになるでしょうか。

入居者は皆さんのあせりやイライラを感じ、職員の思いとは反対の反応をすることが多いかもしれません。その要因の多くは、職員の側にあることが多いのです。

1人勤務をこなすことの効果

1人勤務には入居者の特質を熟知するのが欠かせないことから、一人ひとりの入居者をもっと詳しく知る動機づけになります。また、落ち着ける空間づくりや環境整備の真の意味を理解するきっかけにもなります。そして何よりも、職員主導のケアから一人ひとりの生活リズムに沿ったケアを進める原動力になります。

例えば、毎食後のコーヒータイムを楽しみにしている入居者がいます。その方の好みでご飯を控えめにしていても、他の入居者と同じように完食をすすめるのは、その方にとっての流儀・好みを奪ってしまうことになるのではないでしょうか？

職員が一人ひとりの好みをしっかりと把握、理解することで、入居者が安心してコーヒータイムを楽しむことができるのです。また、入居者が静かな場所を好むか、賑やかな場所を好むかによって対応方法は異なってきます。「一人掛けのテーブルで過ごすほうが落ち着いている」との情報収集ができれば、おのずと対応方法も違ってくるでしょう。

1人勤務をこなすためのヒント

まず、現状把握をしましょう。そして24Hシートでデータをとりましょう。起床時の場合は目覚める時刻が重要なデータとなります。起床した時刻によって洗面、着替え、排泄、食事の様子に変化があるのかを、時刻とともにケース記録にきちんと記録することによってデータの価値が増します。就寝時刻も同様です。

また、職員間で何番勤務の者がどこまで業務を終えておくといったルールをつくっていますか。職員の思い込みでケアをしていることはありませんか。理解できる人には、待つ理由と待ち時間をきちんと伝えていますか。待っている間、入居者の能力（お手伝いをしてもらうことがあればお願いをするなど）を引き出す試みをするのもよいでしょう。このとき、入居者は待たされているという気持ちにはならないでしょう。このときも、声かけや確認を忘れてはいけません。そうすることで、同時並行的に2人以上のケアも可能になります。

視点 ❾　　　　　　　　　　　　　　　入居者一人ひとりにあわせた起床・就寝にしよう

35 着替えは、入居者一人ひとりの生活習慣や意向を尊重して行われていますか

❓ 考え方

　着替えは何のためにするのでしょう。清潔保持と安眠のためです。ですから、「朝晩の着替えを必ずしなければならない」ということではなく、その人自身の今までの習慣がどうだったかを考えることが大事です。そのために、アセスメントし、データを残しましょう。普段着のまま横になる事情を理解したり、パジャマのままリビングに出てくることを理解しましょう。ただし、横になる際の衣類の素材に配慮したり、パジャマのまま出てきた時に上着を掛ける気遣いを忘れないようにしましょう。

✔ 実施に向けたチェックポイント

- 着替えについて、24Hシートに入居者一人ひとりの生活習慣（リズムやペース）や好みが記載されているか
- 24Hシートの一覧表において、一斉の着替えになっていないか確認することができるか
- 服の選び方は、介護する側の基準や考え方、好み等を押し付けることはないか
- 着替えのタイミングは、介護する側の基準や考え方、好み等を押し付けることはないか

❓ 着替えをあまり行わない習慣をもつ入居者には、その習慣を尊重すべきなのでしょうか？

A 着替えないことが、本当に生活習慣なのかを検討する必要があります。

　着替えには、気分のリフレッシュ、着替える動作による関節の可動域の維持向上、清潔の保持等にもつながります。着替えることの意味を職員が理解していることが大切です。

　そのうえで、着替える意欲を引き出す工夫も必要です。施設の行事や企画、ちょっとした散歩のときも、着替えをすすめてみましょう。もしかすると、日々の生活が単調になっているためかもしれません。また、着替えることを理解（認知）できにくくなっているかもしれません。意志や習慣を尊重したうえで、専門的知見に基づく支援も必要でしょう。

着替えることの効果

　一般的に、介護する側が「こうあるべきだ」「間違ってはいけない」という気持ちになるほど、うまくいかないだけでなく、「こんなに一所懸命なのにどうしてわかってくれないの」という気持ちになりがちです。そのときの職員の声の調子や表情は、入居者には暴力を受けているように感じることが多いのです。

　あせらずに心に余裕をもって接することができ、入居者一人ひとりに応じた声かけの工夫をし、さまざまな試みをして、着替えが自然にできるようになったとき、職員は「自分ってすごい！」と感動するでしょう。着替えることで、居室以外のスペースに出かける気分となり、入居者の表情も変わります。

着替え支援のヒント

　「朝ですよ、着替えましょうね」「夜ですよ、楽なパジャマに着替えましょうね」「いいお洋服ですね」「すてきなパジャマですね」など、着替えるときの声かけは、入居者が納得し、着替えようかなという気持ちになるためにも必要です。

　着替える能力がある人ならば「ここに着替えを置いておきますよ」と声をかけると、自分で着替え始める場合もあります。

　着替えの拒否が続く場合、ルームウエアを検討してみましょう。自宅ではルームウエアで過ごすのが、その人の生活スタイルかもしれません。

　着替えのタイミングは、起床や就寝時だけとは限りません。入浴や衣類が少しでも汚れたときなどは、納得して着替えてもらえるチャンスかもしれません。

視点 ❾ 　　　　　　　　　　　　　　入居者一人ひとりにあわせた起床・就寝にしよう

36 洗面は、入居者一人ひとりの生活習慣や意向を尊重して行われていますか

❓ 考え方

洗面については「必ず起きてからする」ということではなく、本人の習慣や意向を大事にします。

✔ 実施に向けたチェックポイント

- 洗面等について、24Hシートに入居者一人ひとりの生活習慣（リズムやペース）や好みが記載されているか
- 24Hシートの一覧表において、一斉の洗面になっていないか確認できるか
- 洗面のタイミングは、職員の基準や考え方、好み等を押し付けていないか

Q 朝食の前に洗面を済ませてリビングに来るのが、他の入居者への配慮ではないのでしょうか？

A「他人への配慮」と考えるのは、職員の生活習慣で決めてはいないでしょうか。あるいは、一斉に起床介助・口腔ケアを行ってはいないでしょうか。職員がこうあるべきと思っていることが、入居者の生活習慣と異なっていることもあるのです。入居者の生活習慣や意向を尊重するのは基本です。そのうえで、その人にとってプラスかマイナスかを、できれば家族を交えて職員間で話し合うべきです。

洗面や口腔ケアに限らず、ユニット内の生活のリズムが職員主導で決められているとき、それとは異なった習慣の人を否定したくなるのは、職員に限らず入居者にもいえることです。そのような風潮があるようならば、自分たちが求められているケアのあり方をもう一度見直すべきです。

洗面で生活習慣や意向を尊重することの効果

　洗面や口腔ケアから始まり、24時間のさまざまな生活場面の習慣を知ることが重要です。気持ちよく1日が始まるのと、違和感をもちながら1日が始まるのとでは、大きな違いがあります。

　入居者の立場になって1日の支援を見直すと、今まで疑問と思わなかったこと、日頃当たり前と見過ごしていたことも見つかるでしょう。それらを職員で話し合い、確認し合うことで、入居者それぞれの生活習慣や好みにあわせてケアをする意味が理解できるようになるでしょう。

洗面で生活習慣や意向を大切にする際のヒント

　洗面用具や口腔ケアの道具が一か所にまとめられていたり、職員の都合のよいように整頓されていると、職員主導のケアが行われていると思われても仕方ありません。入居者が自分でできることは見守ることを心がけましょう。

　また、個々のデータをとることで、生活習慣や意向だけでなく、入居者が自分でできることの範囲も広がり、新たな気づきも増えます。洗面の仕方は「人それぞれ」です。誰一人同じやり方はありません。

視点 ❾ ……………………………… 入居者一人ひとりにあわせた起床・就寝にしよう

37 口腔ケアは、生活習慣や意向を尊重し、プライバシーに配慮して行われていますか

❓ 考え方

　口腔ケアの重要性はあらためて記載せずともおわかりかと思います。歯磨きは起きてからすぐに磨くのか、食前、食後に磨くのか、3食その都度磨くのか、本人の今までの習慣にあわせて行うことが大切になります。そのためには、きちんとアセスメントし、データとして残しましょう。また、口腔ケアには入れ歯等を洗ったり、取り外しも含みます。本人にとってはとても恥ずかしくデリケートなことなので、プライバシーに配慮した場所で行いましょう。

✓ 実施に向けたチェックポイント

- 口腔ケアについて、24Hシートに入居者一人ひとりの生活習慣（リズムやペース）や好みが記載されているか
- 24Hシートの一覧表において、一斉の口腔ケアになっていないか確認することができるか
- 居室の洗面台に、歯ブラシ等口腔ケアに関する用品があるか
- 自立している入居者への対応について、定期的に何らかのかかわりをもっているか

Q 歯磨きが自立している人の場合、職員がかかわらなくてもよいものでしょうか？

A 定期的に何らかのかかわりが必要です。入れ歯のチェックや磨き残しの確認、清潔の保持ができているかという確認も必要です。

　それぞれの確認は入居者の自立度によって異なりますが、本人に理由を伝えて納得してもらいましょう。職員と入居者の信頼関係がしっかりと構築されていれば、納得してもらえることも多いでしょう。なじみの関係から信頼関係へと結び付けるのには、プライバシーを保つ努力が必要です。

　自立している人でも次第にできなくなることが増えてくるものです。現在は完璧にできているようでも、やがてできなくなるときがきます。「大丈夫だろう」ではなく「もしかしたら」という気配りを大切にケアをしてください。

歯磨きが自立している人にかかわることの効果

　程度の差こそあれ、次第にできなくなることが増えてくるものです。できるだけその進行を遅らせるためにも、入居者自身で口腔ケアを続けてもらうことが大切です。

　また、入れ歯の損傷や不具合を早期に発見したり、入れ歯の紛失を未然に防ぐことにもなります。

　歯磨きが自立している人は、職員とのかかわりも少なくなりがちです。確認の後、「きれいに磨けていますね」と気持ちよい声かけをし、入居者に自信をもってもらいましょう。「他に具合の悪い所はありませんか」と尋ねることで、気をかけてもらっているという満足にもつながります。

歯磨きが自立している人にかかわる際のヒント

　入居者に向き合い、きちんと理由を話すことが大切です。そのときに「できているか確認します」という態度では、入居者のプライドを少なからず傷つけます。「口の健康のためにも見せていただけますか」などと尋ねてみましょう。目線は入居者の目線よりやや下から話しかけるのが基本です。こうすることで、貴方を大切にしていますという気持ちが伝わるものです。

　口を見せてもらったら、きちんとお礼を言うのを忘れないようにしましょう。また、一度断られても、時間をおいてお願いすることが大切です。

　忘れてならないのは、入居者のプライバシーを保つことのできる居室などで対応することです。それでも難しい場合は、歯科医等の専門家にお願いすることも必要かもしれません。

視点 ❿ ……………………………………………… 入居者一人ひとりにあわせた食事にしよう

38 キッチンまわりには、入居者や家族が使いやすい家電製品を配置していますか

❓ 考え方

キッチンには、自宅に置いてある物と同様に、冷蔵庫や炊飯器、電子レンジ、トースター等を置きましょう。さらに、それらの家電製品を入居者や家族が遠慮せず使用できるような位置に配置することが大事です。

✔ 実施に向けたチェックポイント

- 家電製品がそろっているか（冷蔵庫や炊飯器、電子レンジ、加熱調理器、食器洗浄機、湯わかしポット等）
- 食器棚があるか
- 家電製品の配置場所（高さ含む）は入居者や家族に配慮したものか（気軽に使えるようになっているか）
- 家電製品が暮らしのなかで使用されて音やにおい等が感じられるようになっているか

Q 湯わかしポットや炊飯器は、やけどなどの危険性があるのではないでしょうか？

A 入居者が自分で使うと、やけどをするのではないかという不安があると思います。しかし、自宅で生活するなかで、危険だからと片づけてしまうことはないでしょう。施設でも、自宅と同じような環境で暮らしてもらうことが大切です。

危険性があることは取り払うのではなく、誰にどのような危険性があるのかアセスメントし、どうサポートすれば危険なく使えるかを考えましょう。また、湯が沸く音やご飯の炊けるにおいなど、暮らしのなかで日常的に行われている風景があることで、暮らしの場を実感できるのではないでしょうか。

入居者や家族が使いやすい位置に家電製品を配置することの効果

　今までの生活で使い慣れたものが、手の届く位置にあることで、入居者が自分でお茶を入れたい、飲みたいと思うことにつながる傾向がよくあります。また、家族が遊びに来た際にも、キッチンの奥にしまいこまれた道具は使いにくいですが、いつでも皆が自由に使う空間にあれば使いやすさが増します。物を置く位置ひとつで、使う自由度が広がり、自由に使うことへの遠慮がなくなります。職員にとっても、入居者ができることはしてもらう自立支援につながる視点をもつことができます。

　炊飯器が見える位置にあることで、ごはんの炊けるにおいや湯気を五感で感じることができ、暮らしのなかの食事風景を味わうことができます。

入居者や家族が使いやすい位置に家電製品を配置する際のヒント

　例えば、小柄で車いすに座っている人に自分でお茶を注いでもらいたいときは、その人の手がどのくらい上がるのか等の機能を見極め、湯わかしポットをどの位置、どの高さに置いたら安全に使いやすいかを検討しましょう。また、家電製品をできるだけ共有スペースに置くことで、他の人も使っているという感覚をもち、使用することへの抵抗がなくなります。

　家族にはキッチンの道具をどんどん使っていいことを話しましょう。家族のつくった料理の味が入居者には一番だと思います。また、誰が使っていても家電製品を使っている光景が日常的にあることは暮らしの場を実感できます。

視点 ❿　　　　　　　　　　　　　　　　　　　　入居者一人ひとりにあわせた食事にしよう

39 テーブルやいすの高さは、個人の体格にあわせていますか

❓ 考え方

　食卓テーブルやいすの高さを入居者にあわせることはとても大事なことです。正しい高さであれば、入居者の足裏が床につき、前傾でテーブルに置いてある食事を口にすることができます。これは、食事をする際に、正しい姿勢となり、つまり誤嚥性肺炎を防ぐことができます。病気をおこさせないためにも、個人の体格にあわせたテーブルやいすを準備しましょう。

✓ 実施に向けたチェックポイント

- いすは、入居者の足裏が床につく高さであり、数種類あるか
- テーブルは、入居者が前傾姿勢をとれるものであるか

Q 全員にあわせるのは無理ではないのでしょうか？

A 大切なことは、基本的な姿勢を知ることです。これは、両足が床につき、やや前傾できる姿勢を指します。そう考えると、1つの高さのテーブルで10人の高さがあうことはありません。背の高い人や小柄な人など、体格は人それぞれです。

　例えば、高さの違うものを数種類用意しておくと、入居者にあわせた対応が可能になります。いすも同様に、数種類の高さを用意し、使い分けるとよいでしょう。その際、問題となるのは、テーブルの数です。どうしても数が限られる場合は、低い設定にあわせることをおすすめします。

個人の体格にあわせることの効果

　重度化した場合には、モジュラー型車いすを検討します。モジュラー型車いすとは、座面やアームサポートの高さ、バックレストのシートの張り具合など、入居者の身体に車いすのパーツをあわせることができるものです。

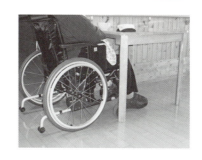

　これまでの車いすで姿勢を保持するには、いすに座り直す介助や姿勢保持のためにクッションや足置き台を使用するなどの介助や工夫が必要でした。しかし、モジュラー型車いすを使用することで、入居者の身体の一部となり、重度化した入居者でも安楽な姿勢で過ごすことができます。何よりも、自分で行きたい場所へ移動できることは、入居者にとって自立につながります。

個人の体格にあわせる際のヒント

　高さを変えるときに、新しい物を買えば一番いいですが、今あるもので対応するにはどうしたらよいのかを考えることも大切です。

　大きなテーブルだと座れる人数は多いですが、入居者ごとにあわせづらいので、小さなテーブルを工夫します。テーブルといすの脚をカットして数種類の高さを用意すると、入居者の体格にあわせて選定しやすくなります。そのためには、足切り可能なテーブル・いすを用意しましょう。物に入居者をあわせるのではなく、入居者に物をあわせるためにどうするかという考え方が大切です。

視点 ❿ 　　　　　　　　　　　　　　　　　　入居者一人ひとりにあわせた食事にしよう

㊵ それぞれの入居者が、個人所有の食器を使用していますか

❓ 考え方

家と同じように自分が使っていた食器を持参していただきましょう。入居者のごはん茶碗が大きければ大盛りに、小さければ小食だと茶碗をみるだけでわかります。自分の食器をみて、入居者自身の手が伸びることもあります。

✔ 実施に向けたチェックポイント

- 箸や茶碗、汁椀、湯のみやマグカップは、入居者個人の物が持ち込まれているか
- 大きさや柄等個人にあわせた食器になっているか
- 職員は、個人所有の食器が割れたときの対応を入居者や家族と話し合っているか

Q 個人所有の食器を破損してしまった場合、どう対応したらよいのでしょうか？

A まずは、個人所有の食器を持参する理由を家族にきちんと説明することが必要です。これは、施設は「暮らしの場」という理念のもと行うケアの具体的な実践だからです。そのために、あらかじめ考えられるリスク（食器の破損）も説明し、対応への理解を得ておく必要があります。

具体的には、入居契約時に入居者（家族）に持参していただく食器の意義や種類を説明します。リスクについては、食器を洗う際に、手が滑って過って破損してしまった場合や食器洗浄機を開けたら破損していたというように、やむを得ず破損してしまう場合があること。破損した際は、家族に連絡し代わりのものを持参してもらうなど、破損してしまった場合とその対応方法を説明します。

個人所有の食器を使うことの効果

食事を美味しく楽しく食べるためには、「生活の科学」という視点で環境面から考えることも大切です。

私たちの家での暮らしでは、家族それぞれ違った箸や茶碗を使っています。それは、一人ひとり体格も違えば食べる量も違うため、その人にあった食器を準備しているからではないでしょうか。入居者も同様に、皆と同じ食器を使うのではなく、それぞれにあった食器を準備することで、食器の大きさで食べる量が把握でき、なじみの食器を使うことで自分の食事と認識できるようになります。

例えば、認知症の入居者が、他の入居者の食事を食べたり、なかなか自分で食事をしたがらない場面を経験されたことはありませんか。個人所有の食器を使用することで、自分の食事と認識でき、食べることができるようになったケースもあります。施設は「暮らしの場」であり、食器も環境の1つです。

個人所有の食器を使う際のヒント

個人所有の食器を持参してもらうためには、その必要性を入居者（家族）に理解してもらうことが大切です。そのうえで、どのような素材や大きさがよいのか、なぜそのような素材や大きさがよいのか、具体的に伝えると理解してもらえるでしょう。

個人所有の食器はユニットで洗うことにより、水の音、食器のぶつかる音で日常の食事風景を感じてもらえる効果があります。入居者の目に入れば「洗ってみよう」という生活行為が生まれるかもしれません。また、ユニットに食器洗浄機があれば、洗う時間の短縮になり衛生管理面でも便利になるでしょう。

視点 ❿　　　　　　　　　　　　　　　　　　入居者一人ひとりにあわせた食事にしよう

41 個人持ち以外の食器は、素材・デザイン等に配慮し、樹脂系の使用を避けていますか

❓ 考え方

　施設を「暮らしの場」としたとき、どんな食器が当たりまえでしょうか。普段の生活では陶磁器を使っているのではないでしょうか。破損が心配ならば、一斉の洗浄ではなく小分けにする、また破損しにくい陶磁器もあります。今まで樹脂系の食器が多かったのは、多人数の一斉介護の結果で、早く洗うために割れにくい食器を使っていたためです。しかし、大勢の食事を用意するレストランで、樹脂製食器を見たことがあるでしょうか。見方を変えてみましょう。工夫はできるはずです。大事なことは何か考えていきましょう。

✓ 実施に向けたチェックポイント

- 小鉢・取り皿・醤油皿等があり、樹脂系の食器に偏っていないか
- 樹脂系が1割程度以下であるか
- 全ユニットで全食器が統一されていないか

Q 入居者によっては、樹脂系の軽い物を使用したほうがよい入居者もいるのではないでしょうか？

A 大事なことは、樹脂系のものがいいかどうかではなく、入居者が毎日使うものなので、その人に合っているかということです。自分で茶碗を持って食べられても、力が足りなければ軽い素材のものがよいでしょう。しかし、食事介助が必要な入居者の場合は、適量が把握できれば陶器や磁器でもよいでしょう。また、入居者が長年どのような暮らしをしてきて、どんなものが好みかによって、素材は選定しましょう。割れないように、樹脂系を使えばいいのではなく、その人にとって樹脂系の食器がなじみのものであれば使ってもかまいません。

素材・デザイン等に配慮することの効果

　持ちやすければ自力で食事を食べることができるようになったり、今までは持ちあげられなかった方が、食器を持って食べたりできる。そういった方には効果があるといえます。また、手に力がなく、握ることが困難な方には、手のひらにのる程度の重さのものが疲れにくいので適しているでしょう。飲み物などを入れるときには、熱が伝わりにくいので、握りやすい効果もあります。自立支援の視点で、その人にとり自分でするために必要な物は何か、工夫をしていきましょう。

素材・デザイン等に配慮する際のヒント

　入居者がどのくらいの重さのものを持てるのか、可動域はどのくらいかを把握する必要があります。見た目は陶器に見えて、軽い素材のものもありますので、入居者の状態にあわせて選ぶとよいでしょう。スプーン等は、硬さや、大きさ、形にも違いがあります。皮膚に当たる感覚が違うので、そのような視点から検討してもよいと思います。
　また、白内障などの疾患により、色の工夫も必要となります。

視点 ❿ ………………………………………入居者一人ひとりにあわせた食事にしよう

42 個人所有の食器はユニットで洗浄し、食器棚で管理していますか

❓ 考え方

個人所有の食器は、ユニットのキッチンで洗います。洗う際の水の音、食器のぶつかりあう音が普段の生活感につながります。その食器が食器棚に並んでいることで家庭（キッチン）のような雰囲気になります。

✔ 実施に向けたチェックポイント

- ユニットのキッチンにスポンジ・タワシ・水切り等があるか
- 個人所有の食器は、ユニットで洗浄しているか
- 個人所有の食器は、ユニットの食器棚で管理しているか

Q ユニットの食器管理では、消毒・殺菌をする必要はないのでしょうか？

A 感染者が出たときの対応はルールに添いきちんとしましょう。そのうえで安心のためにも、ユニットにも食器洗浄機があるとよいでしょう。近年は食器洗浄機を使用する家庭も多くあります。食器洗浄機を使用する際は、85℃以上で5分以上の殺菌をすればよいでしょう。乾燥後は、ユニット内の食器棚で管理します。厨房からきた食器は厨房に返し、洗浄、乾燥を行い、厨房で管理しましょう。また、家庭のように「きれいにする」「清潔にする」ために、スポンジや洗剤を工夫しましょう。

ユニットで洗浄し、食器棚で管理することの効果

キッチンを食事する場と認識するには、「食器が見えている」という要素が大きいものです。その食器が、厨房や委託業者に返却されてしまうと、「私の茶碗がない」「これは私のではない」といったトラブルになることもあります。また、食事に時間がかかる入居者がいたときに、食器を早く返却しなければという職員の思いから、入居者の食べたい時間ではなく、食器を返却するために時間内に食べてもらうことになりかねません。

必要な食器が身近にあり、ゆっくりと自分のペースで食べて、ユニットで洗浄・管理ができれば、入居者の暮らしにあわせた食事が提供できるでしょう。

ユニットで洗浄し、食器棚で管理する際のヒント

ユニットで食器を洗うことで、食器や水の音が聞こえます。たとえ入居者は洗うことができなくても、食器や水の音が聞こえると「暮らし」を感じることができます。また、洗った食器は入居者の身近な食器棚に保管することで、いつでも使えて、視覚的に暮らしを感じることができます。

効率を考えると、食器洗浄機を備えるのもよいでしょう。暮らしの継続を支援することが仕事だと考えると、自宅でできていることを施設でも日常的に行えるようにしていきましょう。

視点 ❿　　　　　　　　　　　　　　　　　　　　　入居者一人ひとりにあわせた食事にしよう

43 個人の障害やニーズにあわせた食事を提供していますか

❓ 考え方

　食は生きるための活力となり、楽しみでもあります。最期まで口からおいしいものを食べられることは幸せなことです。しかし、食事に関しては、今まで食べることができていたにもかかわらず、困難になる時がおとずれます。その時に原因を検討し、入居者が食べることができるよう食事の形態をソフト食やムース食等にスムーズに変更したり、本人が食べたいものを口にしていただけるように、嗜好品を準備しておくことも大事なことになってきます。

✅ 実施に向けたチェックポイント

- 職員は、入居者一人ひとりにあわせた食形態の検討・評価への多職種のかかわりについて説明することができるか
- 24Hシートなどに、入居者一人ひとりの食形態について記載があるか
- 職員は入居者の治療食について説明できるか

Q 治療食や食形態は誰が、どのように決めているのでしょうか？

　A　治療食は医師の指示により決定されるのが原則です。治療食の有無を明確にしたうえで、本人・家族の同意のもと、指示内容に添って計画することが大切です。判断が難しい入居者の場合は、本人の食生活歴、嗜好、家族の意向を参考にして対応します。また、食形態は治療食と連動して考えられますが、提供の仕方によっては食欲の減退とQOL（生活の質）の低下を招きます。

　たとえば、嚥下困難食がすべてミキサー食や形の無い食形態で提供されていたら、食べる楽しみや喜びがわかず、五感や生きる気力まで弱くなるでしょう。また減塩食の場合、味付けや調理法に工夫がなかったなら、おいしさや楽しみを感じられず、満足した食生活が得られないでしょう。施設は暮らしを支援するための多職種機能を備えた「暮らしの場」です。医師の指示と本人・家族の意向のもとで、食のノーマライゼーションを考えながら、多職種がPDCAサイクルを回しながら取り組むことが重要です。

障害やニーズにあわせた食事を提供することの効果

普通食を食べることが困難な入居者に刻み食を提供していた事例では、口の中に溜まり嚥下ができず、ムセがひどくなりました。食事の摂取量も少なくなり、低栄養の心配も出てきました。また、笑顔が見られなくなり、食欲がだんだんと減退してきました。

そこで、食のノーマライゼーションとして、本人の嗜好や家族の思いを参考にしながら多職種間で検討を重ねました。普通食から摂食可能な食品の選択やソフト食の調理研究を試み、見た目がきれいで形があり食べやすい食事として提供しました。すると、次第に食欲が戻り、QOLの向上がみられるようになりました。

障害やニーズにあわせた食事を提供する際のヒント

病院では寝たきりでベッド生活が長く、胃ろうを造設した入居者の事例です。入居当初は胃ろうによる栄養摂取でした。環境に慣れ、家族の面会も頻繁になり、職員との会話もできるようになると、「甘い物が食べたい」という意思を伝えるようになりました。また、家族からも「食べさせたい」という思いがあったので、本人や家族、多職種間で検討を重ねた結果、少しずつゼリーやプリンを食べることができるようになりました。

経口摂取ができるまでには、摂食者の疾病状況、咀嚼や嚥下能力、食意欲を重点に入居者本人・家族・多職種協働による対応が重要です。特に咀嚼や嚥下能力が低い方には、段階別に応じた調理内容が要求されます（➡p.162資料　**図表43**）。咀嚼や嚥下能力向上には、嚥下リハビリや口腔ケアを実施し、機能向上を目指します。おいしく楽しみになる食事の提供のために、24Hシートを活用して情報の共有をしながら、それぞれの専門性から食欲の向上につなげることが重要です。

視点 ⑩ ……………………………………………… 入居者一人ひとりにあわせた食事にしよう

44 ユニットで炊飯をしていますか

❓ 考え方

　ユニット内で炊飯をなぜ行うのでしょうか。その意味を考えてみましょう。ユニット内に広がるご飯の炊けるにおい、炊き立てのおいしさ、自分の食べたい量を目の前でよそってもらえるなど、さまざまな理由が考えられます。ユニットに炊飯器を2台準備し、特に柔らかいご飯をつくっているユニットもあるようです。厨房から茶碗に盛られたご飯を食べること以上に、食欲がわいたりする要因にもなるかもしれません。

✔ 実施に向けたチェックポイント

- ユニットで炊飯をしているか
- ケアの方針や教育指針等に、ユニットでの炊飯の意義について記載されているか
- 職員は、炊飯の意義について自施設のケアの方針や教育指針等を説明することができるか

Q 炊飯のスイッチを押し忘れたらどうしたらよいのでしょうか？

　A 炊飯のスイッチの押し忘れは家の暮らしでもあることです。入居者もそのような経験をされた方がいるでしょう。気が付いた時にすぐにスイッチを入れ、入居者にはその旨を伝え、食事が遅れることを謝りましょう。ご飯の炊けるまでの時間を利用して、入居者と共に食事の準備ができます。食事を食べることは、食事をつくるところから始まります。ご飯を炊いて食事を用意する音やにおい、皆で食事の準備をする姿などの情景は、暮らしのなかの楽しみであるはずです。

ユニットで炊飯することの効果

　家庭で家族の食事づくりは自分の仕事だった入居者の事例では、入居当初は環境になれず不穏が続き自分の暮らしが感じられない状態が続きました。職員が食事の準備の度に声かけをしながら環境づくりをしたところ、次第に笑顔がみられ会話もはずみ、不穏の状態がなくなっていきました。

　ある時「今日のメニューをもう1品増やしてほしい」と自分の得意メニューを話しだしました。職員は入居者と相談しながら、冷蔵庫にある材料で入居者自慢の味噌汁を調理しました。炊飯の時間内に味噌汁ができあがり、炊き立てのご飯と味噌汁の香りがユニットに広がり、食事をしながら思い出話に花が咲きました。

ユニットで炊飯する際のヒント

　ユニットでの炊飯は、暮らしの実感を得るための最も大切な環境要素です。その意義を施設内研修や会議で確認し、施設全体で意識を統一して進めることが重要です。職員だけでなく、入居者や家族にも説明し、協力を得られるよう協議しましょう。また、ユニットでの炊飯の環境整備として、食器や調理器具の準備、作業手順、職員の労務内容の見直しなども必要です。準備担当者を決めて計画的に進めて行くことが重要です。

視点 ❿ 　　　　　　　　　　　　　　　　入居者一人ひとりにあわせた食事にしよう

㊺ ユニットで盛り付けをしていますか

❓ 考え方

　ユニット内で盛り付けをなぜ行うのでしょうか。その意味を考えてみましょう。大皿に盛り付けてあるおかずに食欲がわいたり、自分の箸を使って、お皿に好きなだけ取ることもできるでしょう。ただし、ユニット内で"盛り付けをすればいいのだから"と、入居者に背を向けて、キッチン等でお皿に取り分けることは避けてください。大事なことは、入居者が、食卓テーブルに盛り付けてあるおかずに、自身で手を伸ばし、口にすることができるかどうかです。

✔ 実施に向けたチェックポイント

- 食事は入居者の目線に入る位置で盛り付けをしているか
- 盛り付け開始30分以上前から、食器一式を並べて用意していることはないか
- 入居者それぞれの量や意向を24Hシートに記載し、盛り付けをしているか
- ケア方針や教育指針等に、ユニットで盛り付けすることの意義について記載されているか
- 職員は、ユニットで盛り付けすることの意義について、施設のケアの方針や教育指針等の説明をすることができるか
- 盛り付けのできる人には、声かけをし、手伝ってもらっているか
- 職員は、入居者の調理や盛り付けの手伝いについて、必ずしなければならないわけではないことを説明しているか

❓ 重度化が進んでも、ユニットで盛り付ける意味があるのでしょうか？

　Ａ　ユニットで盛り付けをすることは、今から食事の準備をして食べるという大切な時間です。盛り付ける姿や食器の音やにおいは、食べることを認知し食欲を引き出します。食べる意欲を失うということは、すべてを失うに等しいほどの大きな意味があります。
　食事の準備から始まり、後片付けまでの一連の流れのなかで、包丁の音、揚げ物の

香り、食器の音、働く姿や会話などのすべてが暮らしの風景であり、暮らしを共にする入居者の生活そのものなのです。

　盛り付けは、味・におい・触れるなど五感を刺激する大切な生活リハビリテーションであると考えることができます。「できないからしなくてもよい」という考えはそこには存在しません。生活リハビリテーションとは「暮らし」そのものと考えてよいでしょう。

ユニットで盛り付けをする効果

　飲食店の経営をしていた入居者の事例では、四肢が不自由なため車いすでの生活が中心でしたが、入居当初から味や盛り付けには非常に敏感でした。食事の盛り付けになると、テーブルに来て盛り付けのアイデアを出してくれます。その意見を参考に皆で盛り付けする姿は、ユニットならではの温かい暮らしの光景です。

　ユニット内では、暮らしを共にする入居者全員が、嗜好や量などその人のニーズに合わせた盛り付け（大盛、小盛）や、おかわりなど自由に食を楽しむことができます。それは暮らしを豊かにするユニットケアとして大切なポイントです。たとえば、「天ぷら定食」の盛り付けでは、天ぷら丼にして食べる人、お皿に盛って食べる人、それぞれの食べ方があります。

ユニットで盛り付けをする際のヒント

　ユニットで盛り付けをすることは特別のことではなく、家庭で家族と盛り付けをすることと変わりはありません。調理された料理を盛り付けるには盛り付ける台が必要です。盛り付けるための調理器具や器も必要です。特に個人の茶碗や箸、湯のみはそれぞれ違います。大切な食器は丁寧に扱う気配りが必要です。普通食だけではなく特別食の把握や時間・量なども対応できるように、24Hシートなどを利用するとよいでしょう。また、衛生的な環境で盛り付けをするために、エプロンや手袋などの準備はとても重要です（➡p.163資料　**図表45**）。

　「おいしいわ！」「楽しいね！」「もう一杯おかわり？」などユニット内での会話は、自然にQOL（生活の質）を高め、喜びと愛情あふれる暮らしを実感できることでしょう。

視点 ❿　　　　　　　　　　　　　　　　　　　　入居者一人ひとりにあわせた食事にしよう

46 食事や飲み物の温度は、個人の好みにあわせて提供していますか

❓ 考え方

　2000（平成12）年以前は、温冷配膳車を使用していましたが、この制度は廃止されました。自分が食べたいおかずの温度は「人それぞれ異なる」ということです。個人の好みですので、温めたい、冷やしたい、という要望は人それぞれです。ユニットにある電化製品（電子レンジや冷蔵庫）をおおいに利用し、入居者の好みにあわせて準備しましょう。

✔ 実施に向けたチェックポイント

- 24Hシートに食事の温度について、入居者一人ひとりの生活習慣や好みが記載されているか
- 入居者一人ひとりの食事が24Hシートに基づいた結果としてケース記録等により確認する事ができるか（直近1週間程度の記録等により）
- 入居者一人ひとりの好みの温度で、食事や飲み物等を提供しているか

Q 温冷配膳車は使用しなくてよいのでしょうか？

A　温冷配膳車の目的は、厨房で大量調理・盛付けされた食事を各病棟や食堂へ配送し、適温で提供することです。入居者一人ひとりの意思で自由に食べることができるわけではありません。

　ユニットケアの住まいには、家と同じくキッチンがあり、冷蔵庫や電子レンジ、炊飯器や電気ポットなどの調理器具で食事の準備ができます。好みの温度で好きな時間に個々のリズムにあわせて飲食する自律した暮らしがあります。施設にキッチン設備がなくても、お茶を飲んだり汁物を温めたりするには、電気ポットや電子レンジで対応できるはずです。

　家の暮らしは自由であり、特に食事は個々の意思が尊重されます。ユニットでの自由な食事は楽しみと喜びを生み、安心した生活につながります。

個人の好みにあわせることの効果

　食事の摂取量が少なく、常に微熱や脱水状態が続き、嚥下困難で褥瘡ができやすく廃用症候群を招く寸前だった入居者の事例では、必要なエネルギーを摂るために、どのように食事量を増やしていくかが課題でした。温冷配膳車で運ばれた食事を1日3回決められた時間に決められた量を食べることは、体力のない入居者には高リスクかつ困難なことです。

　そこで、1回の食事量を少なくして、食事回数を増やす計画を立てました。食べられる時に食べられる物を調理し、負担なく飲食できるようにするなど、入居者が根気強く食べ続けられるようにしました。日が経つにつれ元気も出て、摂取量も徐々に多くなりました。

個人の好みにあわせる際のヒント

　満足した食事を提供するには、入居者の嗜好、時間、温度が暮らしと一致していることが重要です。ほとんどの食べ物は、キッチン内に備え付けられた調理器具によって調理できるはずです。

　例えば、一食を2回に分けて食べる入居者では、冷蔵庫で保管したり、電子レンジで温めたりしながら、自分なりの暮らしを楽しむことがあります。冷蔵庫や電気ポットなどを、入居者にあわせてどのように機能させるかがポイントになります。

　入居者の好みを24Hシートに記載し、多職種で共有し、サポートするようにしましょう。

視点 ⑩　　　　　　　　　　　　　　　　　　　入居者一人ひとりにあわせた食事にしよう

47 個人所有の食品やユニット管理の食品はありますか

❓ 考え方

　食事は、誰もが食べたい時、飲みたい時に口にするものです。入居者にとっても、スムーズに口にできるものがあるとよいです。それは、個人の嗜好品として、自身で買い物をしたり、家族が持参した食品があることが大事になってきます。保管は、部屋、キッチンの食器棚とまちまちです。

　また、食事時間がずれたり、夜間にお腹が空いたりした時に、口にできるものをユニットでまとめて準備することもよいでしょう。キッチンの冷凍庫には、個人の嗜好品もあれば、食パン、乾麺、冷凍食品等いつでも対応できるようにしておきましょう。

✓ 実施に向けたチェックポイント

- 個人所有の食品等があるか（梅干し・海苔・佃煮等）
- ユニットに、食事時間がずれた人や夜間等にお腹が空いた人のために、お菓子やパン等の常備食があるか
- 入居者の家族等からのお土産や差し入れ、持ち込み等の制限はないか
- 持ち込み制限等がある場合は、その種類と理由を明確にして文書化しているか

Q 家族の持ち込み、差し入れ等に約束事を決めてはいけないのでしょうか？

A いかに入居前の暮らし、すなわち普段の暮らしに近づけるかを念頭に置くことが大切です。そのことから考えると、持ち込み食品の制限は極力しないほうがよいでしょう。

　入居者の食事に対する思いをよく理解している人は、入居前の様子をよく知っている家族や近所の方、友人です。暮らしの連続性を維持するには、入居者を理解している家族等が、入居者の好みの食べ物を理解したうえでの持ち込みに意味があります。そのうえで、持ち込んだ場合には、ユニットの職員に声をかけ、何を持ち込んだか賞味期限等を伝えることが大切です。また、夏場等、食中毒に注意する時期等、徹底する必要があります。

個人所有の食品、ユニット管理の食品がもたらす効果

　入居者のなかには、食べることができなくなった人もいるでしょう。それでも、「ご家族が持ってこられた〇〇ですよ。召し上がりますか」と声かけすると、「はい、食べます」と応える人が多くいます。また、家族が食べ物を持ってくることを楽しみにして、ほかの行動にも意欲的になることもあります。

　例えば、お寿司が好きな人であれば、家族に持参をお願いし、ともに食べてもらうとよいです。また、お酒が好きな人には、お酒を持参してもらうなど、家庭での暮らしと同じようにすることも大切です。嗜好性の強い特別な食事を希望する人もいます。その場合、個人の食品として本人や家族の了承のもと、個人負担で購入するようにしましょう。施設での暮らしに、家族も含めてかかわりをもつことが、在宅における普段の暮らしを営むことにつながります。

　何よりも、入居者本人はもちろん、家族も安らぎの一時を過ごすことに大きな意味があります。

個人所有の食品、ユニット管理の食品を導入する際のヒント

　入居前の暮らしの様子を、家族を含めて情報共有しておくことが大切です。そして、家族に「〇〇さんの好きな物があれば、持ってきて一緒に召し上がっても大丈夫ですよ」と声をかけてみましょう。家族は、入居者の穏やかな生活を願い、その思いを込めた食品を持参してきます。

　持ち込む際に注意することがあれば、家族に説明しておくことも必要です。持ち込む際は職員に声をかける、賞味期限を守る等ルールを決めて説明しましょう。

　そして、持ち込まれた食品の管理は職員であることも忘れないようにしましょう。

視点 ❿ 　　　　　　　　　　　　　　　　　　入居者一人ひとりにあわせた食事にしよう

48 ユニットのキッチンを炊飯以外で活用していますか

❓ 考え方

ユニットのキッチンで食材を切るなどの調理を行ったり、食器を洗ったりすることは、普通の暮らしの風景です。包丁とまな板の音、水の音、食器がぶつかりあう音は五感を刺激して、より豊かな暮らしになるでしょう。

✓ 実施に向けたチェックポイント

- ユニットに調理器具があり、いつでも調理できるようになっているか
- 職員は、ユニットのキッチンを炊飯以外にどのように活用しているか説明できるか

Q ユニットでの調理は必ず行わなくてはいけないのでしょうか？

A ユニットのキッチンは、家と同じように生活場所であり暮らしの基盤です。キッチンから包丁で食材の切る音、鍋から漂う湯気とにおい、忙しそうに動く職員や入居者の姿など、キッチンで調理して食べることは、「暮らし」の実感につながります。そのためには、これらの営みを可能な限り機能させる環境づくりが大切です。食事以外でも、手作りのおやつでティータイムを楽しんだり、好きな飲み物を用意してお隣さんとおしゃべりしたり、暮らしのなかに調理の機会があるはずです。このような人と人との自然な営みができることよって、入居者の生活が豊かになっていくでしょう。

ユニットのキッチンを活用することの効果

　食事の場はコミュニケーションの場所でもあります。例えば、家族が入居者の好きな食べ物を持参し、キッチンで調理しながら、家族団らんを過ごす一時はかけがえのないものです。また、ユニットの入居者同士で温かいうどんやそばなどの料理をつくることも、大切なコミュニケーションの場となります。材料の買出し・仕込み・調理・盛り付けなど、それぞれが役割を担って調理することは、人と人とのかかわりのなかで生きることにつながり、暮らしの活力となります。

ユニットのキッチンを活用する際のヒント

　ユニットでバイキング食を計画した事例です。通常は厨房で調理してユニットに運んでいるところを、餃子や焼きそばなどの一部のメニューについて調理員がユニットで調理しました。その方が焼き物のいいにおいがして、おいしく食べられるからです。材料の買出しはユニット職員、処理や仕込みは厨房の調理員で行い、ユニットで餃子を包んだり、焼きそばを焼くのはユニット職員・入居者・調理員の共同とするなど役割を分担するとよいでしょう。家族の面会もあれば、食を通じた触れ合いの場となります。

視点 ❿　　　　　　　　　　　　　　　　　　入居者一人ひとりにあわせた食事にしよう

49 服薬の基本情報がユニットで閲覧できる仕組みになっていますか

❓ 考え方

入居者の薬は、一人ひとりの状態によって異なります。また、薬を使用していない入居者は少ないでしょう。これらの薬剤情報は、医療職のみが知っているのではなく、介護職や栄養士、相談員等の多職種、家族も容易に知ることが必要です。そのために、ユニット内に閲覧できるように準備しておくことが大切です。

✔ 実施に向けたチェックポイント

- ユニットにいつでも閲覧可能な疾病・薬の名称・服薬方法・作用・副作用等の情報が記載されたデータがあるか

Q 服薬について介護職が知る必要があるのでしょうか？

A 入居者の生活全般をケアする介護職は、当然服薬についての基本情報を入手したうえで業務を遂行します。入居者一人ひとりの疾病や服薬している薬の種類などの基本情報は、24Hシートで職員全員が閲覧できるようにします。そして、入居者を主体として体調の変化、服薬による周辺症状、食事摂取量などの生活状況の情報を共有し、記録体制を一元化しておくことも重要です。

服薬によって入居者の暮らしの状況がどのように変化するか観察し、暮らしのサポートをすることが介護職の役割です。安心・安全な暮らしのためには、介護職の視点から服薬に関する知識をしっかりもつことが求められます。

服薬情報をユニットで閲覧できることの効果

　朝食時に服薬することで生活リズムが整い快適に過ごせる、夕食後に服薬することで熟睡できるなど、入居者一人ひとりの投薬の状況と時間を調整することにより、その人らしい暮らしを支援しやすくなります。看護師の勤務時間外に発生する事項については、医療職との連携のもと適切な指示で介護職がサポートすることが必要です。

　熟睡できない入居者の事例では、朝覚醒ができず朝食がおいしく食べられない状態が続いていましたが、看護師と協議し服薬時間を食後から就寝時前に変更したところ、夜中熟睡ができるようになりました。それにより、朝食をおいしく食べることができ、生活のリズムが整いました。

服薬情報をユニットで閲覧できるようにする際のヒント

　入居者の家族から「最近変更した薬の名前と、変更の理由を教えてほしい」という事例がありました。看護師の勤務時間外でしたが、24Hシートに記載している内容を説明し、医学的な詳細については、後日看護師から説明するという対応としました。家族は「内容がわかり、面会してよかった」と納得していました。このように服薬情報を閲覧できる仕組みは、入居者、家族、職員間のコミュニケーションの源となり、信頼につながります。

視点 ❿　　　　　　　　　　　　　　　　　　　　　入居者一人ひとりにあわせた食事にしよう

50 入居者の服薬について医療職に相談できる体制はありますか

❓ 考え方

　入居者が朝食後の薬を飲むことができなかったり、誤って飲んだりしたときなど、薬に関して通常と異なる場合は、医療職に相談することが基本です。入居者個々で考えられるリスクを相談し、24Hシートに記載しておきます。医療に関することを相談できる体制をつくっておくことが大切です。

✔ 実施に向けたチェックポイント

- 遅く起きた入居者への服薬は、医療職に連絡・相談したうえで対応しているか
- 頻繁に起床時間が変わる入居者に関しては、あらかじめ対応を決めているか
- ケア方針や教育指針等に対応方法が明文化されているか

Q 介護と看護の連携をどのような体制にするとよいのでしょうか？

　A 介護・看護は連動して動くものです。基本情報は、入居者主体として一元化することが大切です。趣味や嗜好など、その人の暮らしがどのように行われているかという把握も大切な情報です。これらの情報を多職種間で共有できるシステムが必要です。
　たとえば24Hシートでは、入居者の1日の暮らしを24時間軸によって記録しますが、そこには1日の生活リズム、意向や好み、自分でできること、支援が必要なことに加え、医療的な情報や食事に関する情報を記入し、多職種が連携して支援するチームケアの体制となります。入居者の24時間の生活が安全に保障されるためには、多職種間の連携が欠かせません。急を要しない事項については、会議等で話し合い、24Hシートとサービス計画書を連動させながら業務を遂行していくことが重要です。

医療職と相談できる体制を構築することによる効果

　一人ひとりの入居者の1日の生活を閲覧できる仕組みがあれば、多職種間で安心して入居者の支援につなぐことができます。また、多職種間の理解と協力により入居者の生活の安全にもつながります。

　食後に服薬するはずの薬が食卓の下に落ちていた、という事例がありました。担当職員は勤務時間が終了していたため、薬を発見したのは次の担当職員でした。24Hシートを確認することで、誰が服薬していなかったのかすぐに突き止めました。そこで、医療職に相談した結果、食間でも服薬可能なことがわかり、入居者には早速服薬してもらいました。このように、医療職との連携により、安定した生活につなげることができます。

医療職と相談できる体制を構築する際のヒント

　介護職と医療職は特にチームケアが求められますので、日頃から連携を意識した仕組みづくりが必要です。ユニット会議やリーダー会議には、介護職と医療職の双方が必ず参加する組織づくりが重要です。これらの会議で一番大切なのは、コミュニケーションを密にすることに加え、互いの専門性を尊重することです。

　ほかにも施設には研修会、会議、委員会、プロジェクトなどがありますが、多職種で構成されるような仕組みにすることも必要です。チームケアのために、多職種で学び、協議、検討する体制が重要になります。さらに、24Hシートの作成から活用まで多職種でかかわりをもつことで、具体的な連携が生まれます。

視点 ⑩　　　　　　　　　　　　　　　入居者一人ひとりにあわせた食事にしよう

51 入居者の調理行為について、職員が理解していますか

❓ 考え方

「入居者が調理行為をしてはいけない」と職員が思い込んでいませんか。簡単な調理を行うことは、調理行為等通知※でも可能であることが示されています。何より、長い間、調理をしてきた入居者が、できる調理行為はたくさんあります。入居者ができることをみつけ、さりげなく促しましょう。危ないからといって、包丁等をしまいこんでしまうことはやめましょう。

調理の際には、食中毒予防に努めることは大事なことです。

✔ 実施に向けたチェックポイント

- 調理行為等通知が、すべてのユニットに閲覧可能な状態で保管されているか
- 職員は、調理行為等通知の通知内容を簡単に説明することができるか

Q 職員は、関連通知に基づいて実施していることをどのように確認すればよいのでしょうか？

A どのように実施されているかを確認する前に、調理行為等通知を職員に理解させる方法を確立することが必要です。

例えば、ある法人では、新規採用の職員については、採用時研修のなかで関連法規や法人理念等を含めて研修し、そのなかで予防衛生を理解するよう取り組んでいます。

ですから最低でも年1回は、全職員に向けた研修において取り組むことが必要です。ユニットに通知文を保管し、いつでもみられるようにしたり、ミーティング等の機会を利用して日頃から確認する習慣をつけておくのも有効です。そして、チェックリストをつくるなどして、定期的に内容を自主点検することが大切です。

スタッフが理解することの効果

　全職員が、調理行為等通知を理解していることにより、ユニットにおける食品保管や取り扱いについて注意する点が明確になり、食中毒等の発生を防ぐことができます。また、厨房での取り組みの指針ともなります（➡p.163資料　**図表45参照**）。

スタッフに理解してもらう際のヒント

　全職種の職員が理解を深めるヒントとしては、「皆さんの家庭での食中毒防止策は」と問いかけてみることが大切です。自身の暮らしを振り返り、自分たちの暮らしのなかから実践することが、食中毒を起こさない方法です。

※「調理行為等通知」とは、平成15年3月31日老計発第0331003号「特別養護老人ホーム等における入居者の調理行為等について（疑義回答）」のこと。

視点 ⑪ ……………………… 入居者一人ひとりにあわせ、尊厳に配慮した排泄にしよう

52 入居者一人ひとりの排泄データをとり、データを根拠としたケアを行っていますか

❓ 考え方

　排泄は誰にも知られたくない行為であり、快適にしたいものです。入居者にとっても同様で、職員がもっとも配慮が必要な援助になります。入居者の排泄の介助をするためには、排泄のリズムや好みを知らないとできません。そのためにはデータが必要です。排尿、排便に関する入居者のデータをとることで、早めにトイレへ誘い、パッドを濡らすことを回避できたり、快便を促すことができます。入居者の膀胱にたまる尿量、排尿量を知ることはとても大事なことです。データを根拠にした排泄ケアを行いましょう。

　また、排泄機能に関する正しい知識を身につけることで、入居者の疾病を早めに見つけたり、予防に努めることもできます。

✔ 実施に向けたチェックポイント

- 入居者一人ひとりのデータがあるか
- 24Hシートに、排泄についての情報が記載されており、個々の排泄データと整合性があるか
- 24Hシートの一覧表で、一斉介助になっていないことが確認できるか
- ケース記録やチェックシート等で、入居者個々のリズムを把握したうえで排泄ケアを行っていることが確認できるか
- 入居者の個々の排泄が、24Hシートに基づいた結果としてケース記録等で確認することができるか（直近1週間程度の記録等により）
- 職員は、入居者の排泄用品がその人に適している理由をデータ（根拠）を用いて家族等に説明することができるか

❓ 排泄データは夜間もとる必要があるのでしょうか。安眠の妨害ではないでしょうか？

Ⓐ　職員が基本的な排泄の仕組みを理解しておくのは当然のことです。入居者それぞれの生活習慣や食生活、疾患や内服薬、膀胱の機能によって、1日の尿量や回数、排泄量はさまざまです。短期間で排泄のパターンを知り、その人にあった排泄ケア（誘

導や交換時間、排泄用品、おむつの当て方）を行うことが、快適かつ健やかに過ごすための第一歩です。

夜間の安眠はとても大切ですが、その人の状況に応じてできるだけ安眠の妨げにならないような間隔や工夫をしてデータをとらせてもらいましょう。その時の体調や状況にもよりますので、一人ひとりの細やかな情報があると、変化にも気づき、速やかな対応が可能となります。データや個人の情報を知らないと、逆に、夜間の安眠を阻害することも考えられます。

まずはしっかりとデータをとり、その人の生活スタイルにあわせたケアにつなげていくことが大切です。データをとるときは、あらかじめ入居者や家族にその旨を伝え、同意を得ておきましょう。

排泄データをとることの効果

入居前の生活で、部屋の隅やごみ箱に放尿し、尿臭の強い人が入居した事例です。自宅では、家族もどうしていいのかわからず、片づけに追われ困っていました。入居後、様子を観察しながら排泄の状況を確認し、排泄間隔を把握したうえで、前もってトイレへの誘導を続けたら、放尿も減り、尿臭もなくなりました。

また、ある人は、寝たきりで決められた時間におむつ交換をされ、かぶれのひどい状態で入居しました。当初1時間ごとに観察したところ、1回量が時間によって違い、尿取りパッドの種類を変更し、排泄の時間にあわせて交換したところ、尿漏れもなくなり、夜間も良眠するようになりました。

排泄データをとる際のヒント

入居当初は入居者の情報も少なく、間違った交換時間やあわないおむつを使用しがちです。それではかえって入居者の状態を悪化させたり、ケアをする側もシーツ交換や全更衣をする等、ケアの量を増やしてしまいます。だからこそ、入居後1週間から10日間（人によっては状態変化時）は、しっかりと時間ごとの様子の観察・実態の把握が必要です。また、排便の性状や量については、表現の取り決めを行います。

データについては、おむつ使用とトイレ使用の場合で取り方が異なります。おむつの場合は、7〜10日の期間で、1時間ごと（夜間は2時間ごと）におむつ内の排泄を確認します。量や性状、尿のパッドへの当たり具合の確認とともに、腹部の張りや腸のグル音を観察します。トイレ使用の場合は、7〜10日の期間で、行動の観察を細かく行います。また、トイレへの声かけ・誘導を行い、場合によってはポータブルトイレを使用し、排泄量を観察します。

視点 ⓫ 入居者一人ひとりにあわせ、尊厳に配慮した排泄にしよう

53 排泄ケアとわからない工夫をしていますか

? 考え方

排泄に関して、リビング内で大きな声で「トイレは？ 便は？」と聞いていませんよね。また、パッド交換をする際に、排泄カートをひいたり、バケツを持って移動することは避けましょう。においの問題もありますし、何より、パッドやおむつ交換をしていることがわかってしまいます。排泄はプライバシーとともに、とてもデリケートな問題です。できるだけ、排泄ケアをしていることがわからないような気遣いが必要です。

✓ 実施に向けたチェックポイント

- 排泄ケア時、ふた付きバケツと排泄カートは使用していないか
- 排泄ケア時、新聞やビニール袋等のみで持ち運びはしていないか
- 職員は排泄ケア時、あからさまに周囲の入居者にも聞こえるような声かけはしていないか
- 職員は、排泄ケア時に他の入居者にわからないようにバッグ等を使う工夫をしている理由について説明することができるか
- 排泄ケア時は、居室やトイレのドアは必ず閉めているか
- ユニット内に、排泄物のにおいが長時間残っていないか
- トイレ内に、排泄物をむき出しのまま置き去りにしていないか
- 職員は、汚物の取り扱いについてにおいが残らないようにする工夫等も含めて説明することができるか
- ケア方針や教育指針等に、排泄ケアについての方針や配慮すべきこと、注意点等の記載があるか

Q 排泄処理の道具をカートからバッグに変えても、使い続ければ入居者はわかるようになるのではないでしょうか？

A 排泄の介助を受けることは、本人・家族はもとより、人間として受け入れがたく、

とても恥ずかしくみじめな思いを抱く行為の1つです。職員の態度や言葉により、プライドや心理的な葛藤が起こり、行動や心の障害を招く要因ともなります。

ケアを行う人間がそのことを理解し、どのようにかかわっていけば、人としての尊厳を保つことができるのか考える必要があります。一斉・一律ではなく、その人の排泄パターンにあわせてケアを行うことになります。

そのときどきのユニットの状況や入居者の理解度や感性、家族との関係等により、同じバッグで何らかの問題が生じるのであれば、その人もしくはその状況にあわせて工夫・取り組みをするのも効果的ではないでしょうか。排泄臭を残さない工夫も重ねて重要です。

何よりも大切なのは、職員の行動やケアが、入居者一人ひとりの快適な暮らしのサポートのなかで、プライバシーを守り尊厳を大切にすることです。

排泄に対するプライバシー配慮の効果

排泄カートで排泄介助に入ることで、交換を嫌がり「まだ出ていないからいい」「せんでいい」と言う入居者の事例では、交換物品が見えないようにバッグに入れて居室に入り、何気ない話をしながら排泄交換につなげることで、他の人にも気づかれず、安心して交換に応じるようになりました。

また「あの人は私より若いのにおむつをしているのよ」と指差す行為がありました。居室に入る際に、何をしているのかわからないようにバッグに入れて対応したところ、いつの間にか指差し行為や非難をすることもなくなり、一緒におしゃべりをするようになりました。

排泄ケアとわからない工夫のヒント

バッグの種類は、毎日・都度使用するので、汚染に対して洗濯や消毒が効き、中身の見えないものがよいでしょう。バッグは数種類を準備して使用するとよいでしょう。バッグ内は、清潔な物と汚染された物が区別できるようにします。汚染した物をビニール袋でしっかり密封することにより、においも防げます。

トイレへの誘導は、他の人にわからないようにさりげなく、声の大きさや促しの仕方に配慮します。

視点 ⑫ ……………………………… 入居者一人ひとりにあわせ、安心・安全な入浴にしよう

54 入浴は、マンツーマンによる介助が行われていますか

❓ 考え方

多くの職員に裸を見られることはとても恥ずかしいことです。同性であれ、異性であれ、入居者に配慮したいものです。したがって、入浴は、マンツーマン入浴といって、その入居者のことをよく知っている職員が、お風呂に誘い、体調を確認し、衣類を選び、着脱の手伝い、風呂場での援助を行います。時には、着脱や浴槽に入る際に、もう1人の職員の協力があったほうがよいかもしれませんが、原則、その入居者のことを知っているユニットの職員が支援します。

お風呂の時間を共有することは、入居者と一対一で話しができる大切な時間です。

✔ 実施に向けたチェックポイント

- 入居者の羞恥心やプライバシーに配慮して行っているか
- 職員は、担当するユニットの入居者に対応しているか
- 職員は、入浴においてなぜ誘導、着替え、浴室内での対応はすべて同一職員で行うのかを説明することができるか（移乗や着脱等での2人介助は問題ない）

❓ 1人で介助することが難しい場合、常時2人で介助をします。その場合、マンツーマン入浴とはいえないのでしょうか？

A マンツーマン入浴とは、居室から浴室までの誘導と脱衣室での服の着脱、そして洗顔、洗髪、洗身、湯船に浸かる等、入浴介助の一連の流れを同じ職員が行うことです。ですから、一対一で対応するからマンツーマン入浴ではなく、また、浴槽への出入りのときに、応援を呼んで一時的に2人体制になる場合も、マンツーマン入浴になります。同じ職員が入浴の一連の流れのすべてにかかわることでマンツーマン入浴といえます。基本は、いつもの人が一連のサポートをしてくれることです。

マンツーマン介護による効果

　入浴を嫌がる入居者に入浴のお誘いをする場合、いつもの顔なじみの職員（固定配置）は、どのような時間帯、場面、タイミングで声かけをすれば入浴してもらえるのか、さまざまな情報をもっています。そして、入居者にとっても裸の付き合いになるので顔なじみの職員のほうが安心です。朝からその入居者とかかわり、その日の様子や体調をみている職員が、そのまま声をかけるところから入浴後の案内まで一連のケアを行うことで、些細な変化に気づき、変化への対応もスムーズにできるでしょう。

マンツーマン介護実践のためのヒント

　まずは入居者一人ひとりの入浴に関するアセスメントが欠かせません。どの時間帯に入っていたのか、湯船に浸かる前に身体を洗うのか、頭から、顔から、身体からなど、人それぞれの入浴の習慣や意向があります。もちろん、湯船に身体のどこまで浸かるのか、その時間についてもさまざまです。障害の状態により、どこまで自らの力を活用（自立支援）して、どの部分を支援するのかも調べましょう。特に介助方法は写真で示しておくとわかりやすいでしょう。

　これらの情報を24Hシートに記載し、共有できる仕組みを整えておくと、マンツーマンによる入浴介助もケアの統一を図ることができます。1人で対応することに対する不安も大きいと思いますが、このように情報をしっかり共有すれば安心です。そして、入浴介助の技術はしっかり学んでおきましょう。

視点 **12** 　　　　　　　　　　　　　　　　入居者一人ひとりにあわせ、安心・安全な入浴にしよう

55 入浴は、入居者一人ひとりの生活習慣・意向を尊重して行っていますか

❓ 考え方

施設は「暮らしの継続の場」であるので、入居者の入浴に関する生活習慣と意向も大事にします。「同性に援助してもらいたい」「先に湯に浸かりたい」「洗髪は○○のシャンプーにしたい」など、さまざまな意向があるでしょう。そこを大事にした入浴の援助を行いましょう。

ただし、出勤する職員の人数や性別で対応できない場合もあるでしょう。そのような場合は、どのようにするのか、話をしておくことも大事なことになります。

✔ 実施に向けたチェックポイント

- 24Hシート等に、入浴の時間帯や使用する浴槽、同性介助の有無、使用する好みの用品等、対応方法（ケアの注意点等）等の記載があるか
- 入居者一人ひとりの入浴が24Hシートに基づいた結果としてケース記録等で確認することができるか

❓ 同性介助を希望されても、職員のシフト上応えられない場合はどうしたらよいのでしょうか？

A まずは、同性介助を希望しているかどうかの意向を知る必要があります。しかし、職員の男女の比率や勤務上どうしても対応ができない場合も少なくありません。その場合、翌日に希望の職員が出勤するのであれば、「○○さん、明日であれば○○がいます。明日にしましょうか」と選択肢を提示することができます。あらかじめ前の週や数日前にシフト上希望の職員が出勤する日を入居者に伝え、いつ入浴するのか決めてもらうのもよいでしょう。

例えば、翌日に家族が来るので「どうしてもその日に入浴をしたい」という意向があり、異性の職員しか出勤していない場合、「○○さん、今日は○○と△△しか出勤していないのですが、どうしますか」と尋ねます。他のユニットや他の専門職に協力を求める方法もありますが、固定配置の利点を考えると、優先度は低いと考えます。いずれにしても、入居者の尊厳や自立を鑑みて、選択肢を提示し、自己選択・自己決定してもらうことが大切です。

一人ひとりの意向に応えることの効果

ある認知症の女性入居者で、男嫌いの人の事例です。はじめは、男性職員が入浴のお誘いをすると「人体実験をしてバラバラにするつもり？」と不穏になりました。その人は、乳がんの手術跡を見られたくなかったのです。そこで、女性職員が声かけをするようにすると、次第に入浴を楽しむようになりました。入居者は、入浴という場面を通じて若い女性職員の結婚観に対してアドバイスをするなど、若い女性の相談役という新たな自分の役割を見出したようでした。

一人ひとりの意向に応える際のヒント

認知症の入居者の入浴では、シフトの工夫による同性介助や、顔なじみの関係である固定配置された職員がマンツーマン入浴を実践することが大切です。同じように大切な要素として、施設の浴室を家庭の浴室と同じような環境へ設えることです。認知症の人が浴室に行った際に、明らかに浴室であると認識できるよう、洗濯前の衣服や使用済みの排泄用品、掃除用品、タオル、デッキブラシなどが散乱せず、清潔に配慮されているかが大切です。

視点 ……………………………入居者一人ひとりにあわせ、安心・安全な入浴にしよう

56 使用する浴槽は、入居者の身体状態やニーズにあわせた選択をしていますか

❓ 考え方

ユニットは1軒の家と同じですので、当然ユニットごとに浴室があり、浴槽は個浴になります。また、重度化した入居者にはリフトが必要です。リフト使用により、入居者・職員の安全が図られ、介助に要する人員も1人で対応が可能となります。

✔ 実施に向けたチェックポイント

- 臥位式浴槽の利用率が、総入居者数の40％程度以下であるか
- 職員は、入居者一人ひとりが利用する浴槽について、その理由を説明することができるか

Q 身体機能上は個浴の利用が可能であっても、本人が機械浴を希望した場合、その希望に沿うべきなのでしょうか？

A なぜ機械浴を希望するのかをしっかりと尋ねることが必要です。他の施設から入居した人の場合、前の施設には個浴がなく、機械浴やリフト浴に入った経験しかない可能性もあるためです。

入居者は何らかの身体的な障害をもつ人が大半です。健康で不自由なく自宅の浴槽に入っていたイメージではなく、片まひなどで不自由になった身体のイメージしかもっていません。ですから「水で濡れている浴室は転びそうで怖い」などの不安をもち、個浴の経験がないこともあります。

そこで、入居者に安全で安心して入れる方法を見せて視覚的に伝えたり、福祉用具を見せて説明したり、理学療法士などの専門家に一緒に立ち会ってもらうなど、客観的に働きかけることが大切です。それでも機械浴を望むのであれば、それが自己決定なので、本人の希望に沿うことが一番大切です。

身体状況や状態にあわせた浴槽を使用する効果

　個浴やリフト付き個浴を利用すると、ほとんどの方が入浴できるといわれています。ところが実際には、機械浴が活躍している施設も見受けられます。その違いは、一人ひとりの身体機能を客観的に評価し、情報共有するシステムがないためだと思われます。

　以前、個浴に入れる能力をもちながら機械浴を利用する入居者がいました。その人には運動性失語があり、自分の考えていることを詳細に説明することができませんでした。職員がさまざまな働きかけを試みましたが、入居者の表情は冴えません。そこで「本人の意向を受け入れる」という視点で、個浴を利用してもらいました。すると、表情が明らかにほころび入浴を楽しんでいました。

身体状況や状態にあわせた浴槽を使用する際のヒント

　浴槽には、個浴・リフト付き個浴・機械浴・一般浴槽などがあります。どの浴槽を選択するかは、その入居者の身体機能や意向が大きく関与します。まずは身体機能を客観的に評価し、プライバシーへの配慮から、個浴、リフト付き個浴の順で選択肢を提示します。機械浴は臥位しかとれない入居者の選択肢として、銭湯が好きな人は、大浴槽の優先度が高くなるでしょう。人の尊厳を考えると、自己選択・自己決定の機会を提供することが大切です。しかしその選択肢の優先度は、プライバシーと客観的な身体機能を加味したものでなくてはなりません。

リフト

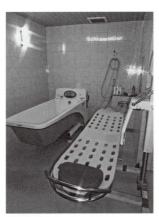

機械浴

個浴

視点 ⑬　　　　　　　　　　　　　　　　　　　　入居者一人ひとりの身体の状態を知ろう

57 入居者のバイタルサインの測定頻度とデータ活用の取り決めがありますか

❓ 考え方

　家ではバイタルサイン測定をしないので、施設でも必要ないと思っている人がいるのではないでしょうか？　介護職は入居者の暮らしをサポートするために身体の状態を知っておくべきです。まずは、バイタルサインの種類を取り決めましょう。原則、血圧、体温、脈拍となるでしょうが、必要に応じて、その他の数値を測る場合もあるようです。いつ、どのような時に、何の数値を測るのか、施設内で取り決めましょう。また、入居者の健康値を知っておくことも重要で、その健康値を知るために、入居後の１週間は数値をとること、と取り決めをしておくことも大事なことです。

✅ 実施に向けたチェックポイント

- ケア方針や教育指針等に、バイタルサイン測定の取り決めと異常と判断する測定値、その後の対応、緊急時の体制、その他取り決め等の記載があるか
- 入居者のバイタルサイン（血圧、脈拍、体温）のデータがあるか（➡p.164資料　図表57）
- 入居者のバイタルサインのデータは当該ユニットにあるか

Q 毎日バイタルサインを測定しなくてもよいのでしょうか？

A バイタルサインは、人間が置かれている状態・状況のなかで、健康に生活を送るための基本情報です。疾患や内服薬、環境の変化、食事、季節や時間帯によっても変化します。一人ひとりの基本的なデータを知っておくことで、起こりうる状態や観察のポイントもみえてきます。

　「生活を送る」という考え方からすれば、毎日全員を測定するよりは、入居後数日間通常の状態を把握するために測定したり、人によっては入浴前や外出前後と、その人のどのような状況時にバイタルサイン測定を行うことが必要かを判断することが大切です。健康管理や予防、予測を行いながら、判断や対応ができるようになればよいのではないでしょうか。

　大事なことは、何のために、どのようにバイタルサインを測定するのか施設内で取り決めをすることです。

バイタルサインの取り決めを行うことの効果

　バイタルサインは、その人の現在の状態（疾患や症状、環境やストレス）を表すものです。基本データを把握することで異常かそうでないかを比較し、その人にあわせた観察が可能となります。例えば早朝時の血圧が高いことがわかっていれば、その人のペースにあわせたケアができます。バイタルサイン測定を業務的に日常化しないことです。

　基本データを基にした取り決めがあれば、介護職の判断の幅も広がり、入浴や外出の支援が可能となるのではないでしょうか。

バイタルサインの取り決めを行う際のヒント

　入居後1週間から10日間内に、バイタルサインの把握に努めましょう。

　平時の状態を把握し、平常範囲の取り決めをして記録に落とし込み、周知を図ります。平常時の把握ができたら、個別にバイタルサイン測定の頻度を決めます。変化の起きやすい時間帯や入浴前、外出前後等とするとよいでしょう。

視点 ⑭　　　　　　　　　　　　　　　　　　　　家族や地域との関係をつくろう

58 入居者や家族には、施設の理念と方針をしっかりと説明し、理解を得るようにしていますか

? 考え方

施設の理念と方針は、職員が理解し、実行するのは当然のことですが、このことを入居者や家族に説明し理解を得ることが重要です。

入居時に説明することが大事なことでしょう。なかには、その理念や方針を拒まれる入居者、家族がいるかもしれません。入居前にきちんと説明し理解を得て入居してもらうことが大事です。

✓ 実施に向けたチェックポイント

- 施設管理者は、入居時や苦情対応時に、理念や方針をもとに具体的に説明しているか（個室への持ち込み家具等、寝起きの時間、食事の時間について）
- 施設管理者は、食べ物の持ち込みや夜間の見守りについて、家族に施設の取り決め等を説明することができるか
- 職員は、家族に施設の理念や方針を伝える場に参加しているか

Q いつ、誰が、どのような場で説明したらよいのでしょうか？

A 最初は、入居の申し込み時です。どのような施設なのか、施設の考えや具体的なケアのあり方などを説明し、納得したうえで申し込んでもらう必要があるでしょう。したがって、この業務にあたるのは主に生活相談員の役割となるでしょう。そして、施設の理念や方針について説明します。

入居当日であれば、施設管理者が再度家族に施設の理念や方針等を話すとよいでしょう。施設での生活支援に対する考えを伝え、家族とともに入居者の生活支援にあたることを確認することが大切です。このことで、入居後の施設と家族とのかかわり方が方向づけられます。このときもユニットリーダーや担当介護職が同席するとよいでしょう。

入居後は、家族の懇談会を定期的に設定し、施設管理者等から説明することが再確認となり、意味があります。

入居者や家族の理解を得ることによる効果

　入居者や家族に施設の理念や方針を伝えるのは、施設側の想いを伝えるだけでなく、家族と一緒に生活を支援する大切さを確認することでもあります。その人らしい生活の実現は、職員だけでは限界があります。特に、精神的なつながりにおいては、家族の存在は大きな意味があります。生活をつくることや介護をすることは職員だけで可能ですが、入居者の心の支えは家族の力が大きいといえます。

入居者や家族の理解を得る際のヒント

　施設の理念や方針を伝えるために、施設のパンフレットや重要事項説明書以外に、わかりやすく書いた「入居のしおり」などを用意し、いつでも読み返すことができます。

　入居者用と家族用に2部渡し、1部は居室に保管してもらい、面会にきた家族以外の親族にも理解してもらう機会となります。「入居のしおり」は職員にも配布し、施設の総意とすることも大切です。

　また、定期的に開催する「家族会」でも繰り返し理念を伝えることが大事です。

視点 ⑭ 　　　　　　　　　　　　　　　　　　家族や地域との関係をつくろう

59 入居者や家族の意見や相談を聞く体制と仕組みがありますか

❓ 考え方

　暮らしの主体は入居者です。入居者の意見や相談をスムーズに行えるような体制に整えておきましょう。また、家族には理念と方針を理解してもらい、施設の運営に協力してもらえるようにします。そのためにも、家族の意見や相談を聞く窓口を設け、きちんと対応する体制と仕組みをつくることが大切です。

✓ 実施に向けたチェックポイント

- ケア方針や教育指針等に、意見や苦情を聞くための手段や対応するための手順の記載があるか

Q 入居者や家族から意見が出された場合、その意見にどのように答えるのでしょうか？

A 電話やファックス、手紙等で出された意見に対しては、法人あるいは施設単位で第三者委員会を立ち上げ、調査、検討したうえで回答します。検討の結果は、申し出のあった人が特定できる場合は直接回答するとともに、施設内に掲示したり、施設発行の広報誌に掲載します。特定できない場合でも、内容によっては施設内掲示や広報誌への掲載を行います。苦情や意見に対する回答を公表することは、透明性の高い施設運営に欠かせません。

　また、入居者や家族が職員に直接意見を言う場合もあります。内容に応じて介護リーダーや上司に報告し、個人ではなく施設としての回答を提示する必要があります。できないことはきちんと根拠を示し、誠実に回答することが必要です。改善に努力する施設側の前向きな姿勢を感じてもらうことが大切です。

相談を聞く体制と仕組みを構築する効果

1人の苦情の裏には100人の不満を感じている人がいるといいます。入居者や家族から出された意見や要望に誠実に対応することは、サービスの見直しや改善につながり、入居者中心主義の実践ともいえるでしょう。調査・検討・回答にあたっては、管理者で判断せず、現場にも十分に検討してもらい、その結果、職員自らの手による改善につなげることも可能です。

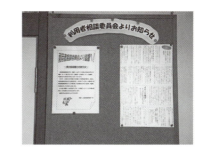

相談を聞く体制と仕組みを構築する際のヒント

回答書を施設内に掲示し、入居者や家族、地域サービス利用者、地域住民等の来園者にも公表することにより、透明性があり誠実な施設運営をしていることを理解してもらいます。生活相談員の勤務している部屋の入り口に貼り紙をし、気軽に意見を聞く姿勢があることを明示します。また、第三者委員会の存在を施設内に明示します。

視点 ⑭ ……………………………………………… 家族や地域との関係をつくろう

60 家族とコミュニケーションを図るための仕組みと工夫がされていますか

❓ 考え方

家族とのコミュニケーションはこまめにとりたいものです。訪問された時はもちろんのこと、お話しすることや日々の記録をみていただいたり、コピーし送付したりすることもコミュニケーションの1つです。入居者の暮らしぶりがわかるように伝えることが大事です。

✔ 実施に向けたチェックポイント

- ユニットリーダーは、家族に対して外出や行事への誘いをしているか
- 施設全体で、家族に入居者の日々の暮らしの様子や健康状態について密に連絡をするよう取り組んでいるか

Q 家族とのやりとりは誰がすればよいのでしょうか？

A 簡単なお知らせや連絡であれば、家族が面会にきたときに、担当介護職から行えばよいでしょう。責任ある立場の職員が家族と話し合ったほうがよい場合には、ユニットリーダーや生活相談員が担当します。医療的な事柄であれば、看護師が説明したほうが家族も納得しやすいのではないでしょうか。

同じように、ケアプランに関することであればケアマネジャーが、請求や手続き的なことは生活相談員が担当することが一般的です。重要なことであれば、担当介護職とユニットリーダーなど2人以上で行います。

何らかの謝罪なり、施設を代表して行う内容のものであれば、施設長が担うことになりますが、必要に応じて副施設長や医療・介護の現場責任者を同席させます。

家族とコミュニケーションをとることの効果

施設には、文書で書いたものとして重要事項説明書や契約書があります。大切なお知らせを紙にして確実にお届けする意味もありますが、書類だけのやりとりだと十分に意図が伝わらなかったり、細かな感情をくみとることはできません。

内容によっては、面会にきたときに話をしたり、電話をして話す場合もあります。謝罪する場合には、家族宅へ出向いて行うことで誠意が伝わることになります。このようなことを通して、誠実に仕事を進めようとする施設と家族との信頼関係の構築につながります。

家族とコミュニケーションをとる際のヒント

通常の事柄であれば、施設から発行している広報誌の片隅に「お便りコーナー」を設け、入居者の担当介護職から、入居者の日常生活の様子などをお知らせする方法もあります。また、1か月分のケース記録を報告したり、活動の写真を送ることもあります。まずは、施設で情報発信する手段をもちましょう。

大きな行事にあわせ、定期的に家族との懇談会の場を設け、積極的に家族から話を伺うことも大切です。また、入居して半年程度経過した人の家族に限定した懇談会の設定も考えられます。その席には家族会の役員に出席していただくと、家族は感情を共有し、意味のある懇談会になります。

図表60　家族へのお知らせの例

> フロアからの一言（担当：鈴木太郎）
> 先日は、けやきの家茶話会にご参加頂きありがとうございました。ご本人もご家族と楽しい一時を過ごすことができ、喜ばれていました。次回も是非ご参加頂ければと思います。ホームでの生活も半年が過ぎ、ご本人もだんだんとこちらでの生活に慣れてきている様子です。音楽活動への参加の希望も聞かれていますので、楽しみを増やしていければと思っています。ご家族様も何かお気づきな点や、ご不明なことがありましたらお気軽に職員までお声をおかけ下さい。

視点 ❶❹ ……………………………………………………… 家族や地域との関係をつくろう

61 家族は好きなときに訪問や宿泊ができる仕組みになっていますか

❓ 考え方

入居者の引っ越した先に、親族が訪問、宿泊することは普通のことです。プライベートな空間である居室で、親族が気兼ねなく話したり、泊まったりすることは、入居者にとってとても大事なことです。そのことを拒むことがあってはなりません。そのためには、宿泊に必要な用意と取り決めをしておきましょう。

✔ 実施に向けたチェックポイント

- 施設管理者は、家族の宿泊や訪問を禁止していないと説明することができるか
- 家族が宿泊できるように布団等を常備しているか、もしくは手配できるシステムがあるか

Q 家族の面会時間を設定してはいけないのでしょうか？

A 施設は病院ではありません。何よりも入居者の暮らしの継続性が求められ、暮らしの場にする必要があります。実現のためには、入居者だけでなく、家族や地域の人とのかかわりが大切です。親類や友人の家を訪問するとき、食事時間帯は遠慮することもありますが、「午後2時から」などの時間制限はないでしょう。

面会時間という規制のない外来者の受け入れが、入居者の暮らしを広げ、豊かなものにしていきます。そうした面から考えると、面会時間は設定せず、通常の暮らしにあわせた時間設定（朝食終了後から就寝前までなど）があるとよいでしょう。必要な家族には、宿泊できる用意があるとよいでしょう。

好きなときに訪問・宿泊することの効果

　訪問者にとっても、時間に制限がない面会は、気軽に施設に足を運ぶことができます。入居者や家族の生活スタイルにあわせたかかわりや、入居者や自身の体調のよい時間を選んで訪問できるなど、生活の場としての雰囲気をつくる契機にもなります。食事時間帯に訪問し、居室で入居者と家族がともに食事を楽しむことも可能です。面会時間が特に限定されていない施設は、地域に開かれた施設としての第一歩です。

好きなときに訪問・宿泊することを実現する際のヒント

　宿泊可能な空間が確保されれば、入居者や家族は喜ぶでしょう。予備のベッドや寝具類を用意したり、リースで利用できる仕組みがあると、家族も気軽に宿泊が可能となり、遠方からの関係者も安心して面会ができます。

　居室に余裕があれば、施設の折り畳みソファなどを提供して寝具とし、家族が宿泊できるようにする方法もあります。

視点 ⑮　　　　　　　　　　　　　　　　　　　　　　暮らしの充実を図ろう

62 入居者のニーズを把握したサークルやクラブ活動を企画していますか

❓ 考え方

入居者の趣味や娯楽で行いたいこと等ができる場をつくり、そのことをサークルやクラブ活動にし運営を行うことが大事です。ユニットを越えた入居者のニーズをきちんと聞き取り、企画します。参加人数が、少人数でも構いません。

✓ 実施に向けたチェックポイント

- 職員は、入居者の趣味や意向の把握の仕方について説明することができるか（本人や家族への聞き取り等）
- 職員は、入居者へのリハビリやサークル活動、クラブ活動のお知らせの方法について説明することができるか
- サークルやクラブ活動の講師は、地域資源を活用しているか
- サークル活動やクラブ活動の企画書、または実施していることがわかる記録等があるか

Q 少ないニーズでも企画する必要があるのでしょうか？

A 入居者が100人いれば100とおりの暮らし方があるはずです。私たちの仕事は入居者一人ひとりをサポートすることです。施設では、入居者の自立した暮らしに加えて、暮らしの継続性を重視します。ですから、全員参加を原則とする行事は極力減らし、可能な限り個々のニーズに対応した暮らしの実現が求められています。

可能な個々のニーズからその人らしい暮らしをつくる、その人の楽しみの時間をつくる、その人が集中できる時間をつくることから取り組んでみましょう。個々のニーズの取り組みが小グループ活動につながれば、人間関係づくりの一環となり、別の展開に発展する場合もあります。

職員ですべてやろうとせず、家族や地域の人に呼びかけて協力してもらうこともいいでしょう。地域の人たちのなかには、さまざまな技術や能力をもつ人がいます。施設の地域化につながる契機にもなります。

ニーズに対応した活動の効果

個々のニーズに対応していくことは、入居者の生き生きとした生活の実現につながります。例えば、Aさんはコミュニケーションはとれるのですが、認知症があり、自分の世界に閉じこもることの多い方でした。ある日、Aさんに生け花クラブの活動を見学してもらうと、目を生き生きとさせ、他の入居者が花を生ける様子を見ていました。さっそく花を生けてみますかと聞いたところ、やってみたいとのことで、この日から

Aさんの生け花クラブの活動が始まりました。月1回の活動日には必ず参加し、できあがった生け花は廊下に飾り、職員や家族からも「素敵ね」と称賛の声がありました。Aさんは生け花クラブの活動がきっかけとなり、他の入居者との何気ない会話も生まれ、落ち着いた生活になったという声を聞くようになりました。

ニーズに対応した活動を実施する際のヒント

職員だけだと限定された介護や支援しかできませんが、ボランティアが入ることにより、さまざまな生活、暮らしのニーズに対応することができます。可能であれば、専任のボランティアコーディネーターを置き、ボランティアの開拓、職員とボランティア間の調整を担当してもらい、ボランティアの活動を支援します。

このような活動は、地域に開かれた施設に向けた取り組みにつなげていくことが可能です。必ずしも常勤の職員にこだわらず、意欲のある職員であれば非常勤・パート勤務でも担えるでしょう。

視点 ⑮ ……………………………………………………………… 暮らしの充実を図ろう

63 サークル・クラブ活動の講師は、地域資源を活用していますか

? 考え方

サークル・クラブ活動の講師は、職員ではなく地域で活躍されている方等にお願いし、本物の習い事の場にすることが大事です。

Q 外部講師への謝金や、使用する材料費はどのように考えたらよいのでしょうか?

A 施設で主催すると考えると、謝金は施設で用意することが原則ではないでしょうか。多様なプログラムを用意することは生き生きとした生活の実現につながりますが、活動ごとに、かかる費用をすべて入居者に支払ってもらうことは負担が大きすぎます。同じ施設に暮らしていながら、支払い困難ということで活動参加に制限がある人とそうでない人がいるというのも考えものです。可能であれば、ボランティアの講師をお願いするといいでしょう。ボランティアにも「有償」と「交通費だけでいい」「昼食だけでいい」とさまざまな人がいます。負担が少なく、本物の活動をするための工夫が大事です。

そして、活動で使用する材料費は、施設サービス費に含まれていないので、参加する入居者から実費相当額を徴収することが原則だと思います。

地域資源を活用する効果

　地域資源を活用することで、入居者が生活の継続性を実現でき、生活感覚を取り戻していくことがあります。また、地域では一度も経験したことがなくても、施設に入居して、活動に初めて触れ、新たな能力の開発につながり、生き生きとした生活になっていく人もいます。何より、活動を通して、他の入居者だけでなく、地域の人々とふれあい、仲間意識、人間関係づくりにつながります。

地域資源を活用する際のヒント

　積極的に外部のボランティアを導入することが大事です。例えば、地域の社会福祉協議会にボランティアの講師を依頼することができます。ボランティアの獲得が難しければ、思いきって施設でボランティア講座などを開催してみてはどうでしょうか。地域には多様な能力をもつ人がいます。講座を開催する過程で、協力者が1人でも2人でも見つかれば、地域との新しい関係が始まります。とにかく待っていてはだめです。施設側のアクション（担当を決める）が決め手です。

視点 ⓯　　　　　　　　　　　　　　　　　　　　　　　　暮らしの充実を図ろう

64 施設の企画・イベント等に、入居者全員が強制的に参加する仕組みになっていませんか

❓ 考え方

施設の企画やイベントは、誰のために開催するのでしょうか。入居者が楽しみたい、と思うことを企画することが重要なことです。ただし、入居者全員が楽しめることを企画することは困難です。関心や興味がない入居者へ強制的に参加するよう促すことはやめましょう。

✔ 実施に向けたチェックポイント

- 職員は、施設の企画・イベント等への参加の意思確認を必ずとっていると説明することができるか

Q 意思疎通の難しい入居者の場合、職員から働きかけて参加してもらうのはよいのでしょうか？

A 年を重ねると、新しいことに取り組むことが億劫(おっくう)になったり、障害があると悪い結果を予想しがちで、普段と異なった生活には抵抗があります。

一方、施設は、入居者の生活がより自律・自立したものになり、これまでの生活が継続できるように配慮したり働きかけることが使命です。意思疎通の難しい入居者であっても、生き生きした生活の実現のために、誘ったり、働きかけることが必要です。まずはやってみて、その後に感想を伺い、今後の対応を1つずつ確立してはどうでしょうか。

入居者によっては、あらかじめケアプラン作成時に家族に確認し、「お誘いする」旨の記載を入れておくとよいでしょう。

自主的に参加することの効果

「楽しかった」「うれしかった」「笑えた」「できないと思っていたことができた」等、障害があったり変化の少ない生活をしている入居者にとって、刺激のある生活を体験してもらうことは、生き生きした生活をつくり上げるきっかけになります。

例えば、Bさんは入居前から一眼レフのカメラを片手に各地の古い建物の写真を撮るのが趣味でした。しかし、車いす生活となり自由な写真撮影はあきらめていました。昭和初期の建物園があり、職員が付き添うことでBさんに写真を撮る話をすると興味を示し、実現の運びとなりました。数日後に、ユニットでその時の写真展が開かれ、Bさんの解説する姿はまさにプロのカメラマンという感じでした。

自主的に参加する仕組みを構築する際のヒント

施設の食事を食べることが少ない入居者でも、趣向を変えた食事会では、思わぬものをぺろりと食べたりします。

普段は理解をしてもらうことが難しい入居者でも、書道だけは別という人がいます。昔とった杵柄(きねづか)で、達筆を披露してくれます。

また、女性であれば、包丁さばきは慣れたものです。調理活動が始まると、顔つきも変わります。

このように、入居者一人ひとりのニーズにできるだけ沿うような多様なプログラムが大切です。そのために、きちんとアセスメントをしましょう。

視点 **15** 　　　　　　　　　　　　　　　　　　　暮らしの充実を図ろう

65 入居者が自由に外出できる仕組みがありますか

? 考え方

　天気のよい日に散歩に出かけたり、買い物に出かけることは普段の暮らしでは当たり前のことです。施設入居したことでできなくなることがないようにしましょう。手続きが大変だと、「陽気がいいから」とスムーズに出かけることさえできません。リーダーや管理職の承諾を得る、遠方まで車両を使用して出かける時には、施設長の承諾を得る等、そのルールをきちんとつくっておくことが大事です。

✔ 実施に向けたチェックポイント

- ケア方針や教育指針等に、外出中の緊急時対応方法についての記載があり、ユニットで閲覧可能であるか
- 職員は、外出の届け出と、付き添い職員の食事等の負担のルールについて説明することができるか
- 職員は、予定されていなかった外出の連絡方法について等のルールを説明することができるか

Q 職員の費用はどのように考えたらよいのでしょうか？

A 外出では、入居者に付き添うことで、交通費、食事代など費用が発生するときがあります。そのときの費用は、2通りあります。1つは施設側の負担です。特に食事代は上限を決めている施設が多いようです。2つめは付き添いを必要とする入居者に負担してもらいます。業務命令の勤務であれば、人件費の請求はありません。

自由に外出できる効果

若干の費用を負担しても、安心しておいしいものを食べたい、好きなところに出かけたい、やりたいことに挑戦したい等、入居者一人ひとりの希望をかなえ、その人らしい生活を実現することは意味のあることです。

例えば、Cさんは亡くなられたお母様の月命日には、有料ヘルパーを利用して市内にあるお寺へお墓参りに出かけます。ヘルパーとの会話を楽しみながら、帰りはデパートに寄って買い物と食事を楽しんでいます。

入居しても普通の生活ができることがわかれば、安心した生活と、自ら生活をつくるという感覚を養い、自律・自立した生活の実現につながります。

自由に外出できる仕組みを構築する際のヒント

車いすを押しての「近場の外出」では、出かける前に管理職やリーダーへ一報を入れることでよいと思います。しかし「遠くへの外出」ではあらかじめ起案書を提出し、特に、車両の利用やボランティア・家族参加がある時は、事前の現地調査や持参品の確認、参加者の状況把握と付き添い者への情報提供等を考慮します。

そして、医療職等の多職種との連携も必ず必要です。

視点 16　　　　　　　　　　　　　　　　　　　　　　　　　　　　ユニット費を活用しよう

66 ユニットごとにユニット費を設けていますか

❓ 考え方

　ユニットを1軒の家ととらえると、自由に使えるお金があると暮らしが豊かになります。ユニット内の入居者の暮らしが充実する置物や家具、雑誌や新聞、観葉植物等が購入できるようユニット費があることが重要です。その金額は、おおむね月額5,000～15,000円で、それ以下だと十分な活動はできません。ユニット内で出納帳を作成し、自分達で必要な物を相談し、きちんと検討し購入することが大事なことです。
　そして自立した職員養成には、裁量権を与えることが大切です。

✅ 実施に向けたチェックポイント

- ユニットごとにユニット費があるか
- ユニットごとにユニット費に関する出納帳があるか

Q 経理上、ユニット費の扱いはどのようにしているのでしょうか？

　A 多くの施設は、直接介護支出のなかの教養娯楽費、または消耗器具備品費に区分していると思います。金額の請求は、仮払いや管理者の支払い証明で確定金額を支出します。仮払いの際は、月次精算か繰越可能かは、経理と相談になるでしょう。
　「ユニット費」は、ユニットごとに帳簿等を作成し、その使途を明確にさせる必要があります。なぜなら、最終的に施設全体での会計処理を行うには、ユニット費のそれぞれの使途により会計科目ごと（消耗品・備品・教養娯楽費等）に仕訳する必要があるからです。例えば、会計処理的には、ガソリン代、花代等を教養娯楽費で一括的に仕訳することは望ましいことではないからです。

ユニット費を設けることによる効果

ユニットの運営を活性化させる方法として、ユニット費があります。入居者一人ひとりの生活が異なるように、ユニットごとに違いがあることが普通です。そのユニットや入居者にあった使い方は、暮らしを豊かにします。入居者との会話や季節に合わせて即時対応することができます。

ユニット費を設ける際のヒント

自由に使えるといっても、施設全体を運営する資金の一部です。購入の裏づけとしての領収書や使用明細の一覧を作成する等、一定のルールを決めておくことが必要です。購入明細として出納帳を明確にし、1か月ごとにバランスよく使います。複数の職員がかかわる時は特に注意が必要です。あらかじめユニットミーティング等で話し合っておくと有効的に購入できます。ユニットで保管する場合は、鍵のかかる金庫などを用意しましょう。

図表66　ユニット費の記載例

平成 27 年 10 月分　ユニット費

年月日	購入品名	入金	出金	残金	備考
H27.10.1		5,000		5,000	
10.3	熱帯魚		620	4,380	
10.10	小皿		1,080	3,300	
10.16	観葉植物		1,598	1,702	
10.18	ボールペン、ノート		820	882	
10.20	冷凍おにぎり、レトルト食品		614	268	
10.20	梅干し		198	70	
10.25	戻し入れ		70	0	

担当者

視点 **16** ユニット費を活用しよう

67 ユニット費は、現場職員の裁量で使用できる仕組みがありますか

❓ 考え方

ユニット費は、ユニットの暮らしが充実するためのものなので、ユニットの職員の裁量で使うことができなければ意味がありません。管理者の許可が必要となると、結局、時間が経ってしまい、季節が変わってしまったり…ということになりかねません。ユニットの職員が限られた金額をスムーズに使える仕組みが必要です。

✔ 実施に向けたチェックポイント

- 職員は、ユニット費の使用方法について、使用許可等の手続きがなく自由裁量になっていることを説明できるか

Q 繰り越しをどのように考えればよいのでしょうか？

A 施設の裁量で、1か月ごとに精算して繰り越しを認めない場合、毎月支給される金額は決まっていますが、残高の繰り越しを認めることは、高額な物を買うなどユニットの運営を自分たちで考えさせる仕組みとして有効です。なお、高額な物は各施設の会計担当者と事前に相談確認をして下さい。必要物品をすべてユニット費で賄うわけではありません。

ユニット費があることによって、ユニットの運営が豊かになり、職員のやる気も向上します。ユニット費の活用に向けて、管理者、経理担当者は、施設にあった支出と会計処理の工夫・検討をしましょう。

職員の裁量で使用できることの効果

金額の大小ではなくユニットのユニット費を任せられて自分たちで考えることは、入居者と職員のモチベーションの向上につながります。月ごとか年間で精算するかはそれぞれですが、自由にお金が使えることは「これからしたい」「これがほしい」等の希望が現実となり、外出するきっかけやユニットの独自性が生まれ、生活が楽しくなります。入居者が読みたい本や雑誌、新聞、お花などから設えの小物までさまざまな用途に使います。例えば、テレビを観ている時に園芸の話になり、ベランダで野菜をつくることを決定し、本と栽培用品を購入して収穫まで楽しむことも可能です。

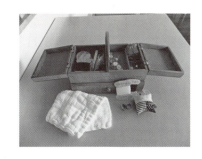

職員の裁量で使用する際のヒント

予算内でほしい物を購入するときに、家具等の場合はリサイクルショップが役に立ちます。新品でなくても思わぬ掘り出し物に出会うこともあるので探す価値はあります。ある入居者が「ぞうきんくらいなら縫えるから手伝うよ」と話したのは、古い裁縫箱を見てのことでした。

また、どうしても使うことに気後れする職員がいる場合は、例えばどういうものを買っていいのかというリストを作成しておくことをおすすめします。他施設や他ユニット、家具店や雑貨屋を参考にするのもよいでしょう。ルールを守ったうえでの自由であること、ユニットとしてどうするか大まかに決める必要があります。

資料

図表43　嚥下調整分類2013のコード早見表

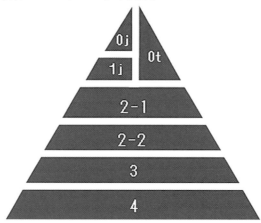

コード		形態
0	j	均質で、付着性・凝集性・かたさに配慮したゼリー 離水が少なく、スライス状にすくうことが可能なもの
	t	均質で、付着性・凝集性・かたさに配慮したとろみ水 （原則的には、中間のとろみあるいは濃いとろみ*のどちらかが適している）
1	j	均質で、付着性、凝集性、かたさ、離水に配慮したゼリー・プリン・ムース状のもの
2	1	ピューレ・ペースト・ミキサー食など、均質でなめらかで、べたつかず、まとまりやすいもの スプーンですくって食べることが可能なもの
	2	ピューレ・ペースト・ミキサー食などで、べたつかず、まとまりやすいもので不均質なものも含む スプーンですくって食べることが可能なもの
3		形はあるが、押しつぶしが容易、食塊形成や移送が容易、咽頭でばらけず嚥下しやすいように配慮されたもの 多量の離水がない
4		かたさ・ばらけやすさ・貼りつきやすさなどのないもの 箸やスプーンで切れるやわらかさ

出典：日本摂食・嚥下調整リハビリテーション学会「嚥下調整分類2013」、日摂食嚥リハ誌17(3)、255-267、2013を一部改変。表の理解にあたっては『嚥下調整分類2013』の本文をお読みください。

資料

図表45 「食中毒予防」シート

1	肉、魚、野菜などの生鮮食品は、新鮮な物を買っている	いる	いない
2	消費期限など確認している	いる	いない
3	購入した食品を肉汁、魚等の水分漏れのないようビニール袋に分けるようにしている	いる	いない
4	冷蔵冷凍管理が必要な物は最後に購入し、帰宅直後に冷蔵庫等に入れる	入れる	入れない
5	冷蔵庫冷凍庫の中は、7割程度の利用量にしている	いる	いない
6	冷蔵庫10℃以下、冷凍庫－1.5℃以下にしている	いる	いない
7	冷蔵庫冷凍庫内の食品を早めに使い切るようにしている	いる	いない
8	冷蔵庫内で肉や魚等ビニール袋に入れ、他の食品に肉汁等がかからないようにしている	いる	いない
9	肉魚卵等利用する時は、前と後に必ず手指を洗っている	いる	いない
10	食品を床に置く等しない	しない	している
11	タオルや布巾は清潔なものと交換している	いる	いない
12	石鹸を用意している	いる	いない
13	調理途中で動物に触ったり、トイレに行ったり、鼻をかんだりした後、手洗いをしている	いる	いない
14	肉汁等が果物やサラダ等にかからないようにしている	いる	いない
15	生肉や魚を切った後洗わずにその包丁やまな板を使用することはない	ない	ある
16	冷凍食品の解凍を室温で行わない	ない	ある
17	包丁、まな板、布巾等は、使ったら直に洗剤と流水でよく洗う	洗う	洗わない
18	加熱調理する場合、十分に行っている	いる	いない
19	料理を途中でやめてしまうことはない	ない	ある
20	食卓に着く前に手を洗う	洗う	洗わない
21	温かい物は温かく、冷たい物は冷たいうちに食べている	いる	いない
22	残った物を扱う時には手を洗っている	いる	いない
23	残った物は早く冷えるように浅い容器に小分け保存している	いる	いない
24	残った物を温め直す時は十分に加熱する。汁物は沸騰させる	させる	しない
25	ちょっと怪しいと思ったら食べずに捨てる	する	しない
26	食中毒予防の三原則は食中毒菌を「付けない、増やさない、殺す」を知っている	知る	知らない

出典：厚生労働省「家庭でできる食中毒予防の6つのポイント」を改変

資料

図表57 バイタルサインのデータ表の例

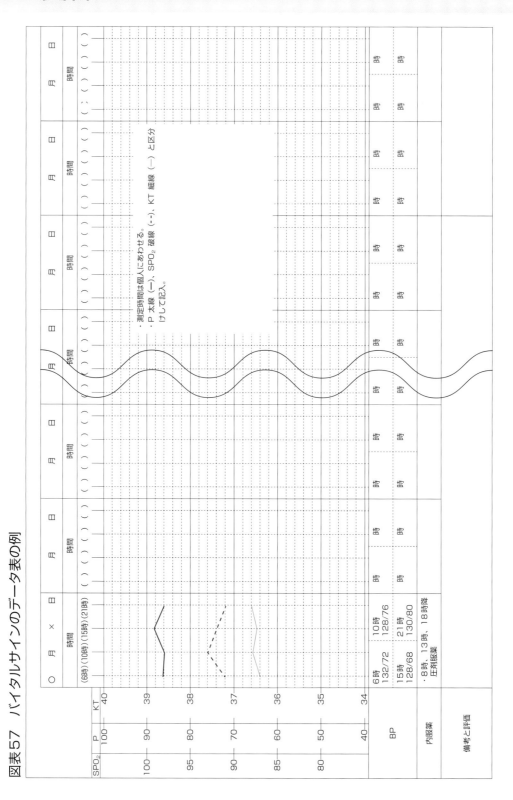

164

第 4 章
チームケア

- **視点17** 組織体制をつくろう……………………………170
- **視点18** 記録を整備しよう……………………………180
- **視点19** 情報共有の仕組みをつくろう…………………192
- **視点20** 各職種の役割を明確にしよう…………………198

チームケアの基本を「報・連・相」（ホウレンソウ）と答える人は多いです。その通りですが、具体的な手段はどうしていますか？　その対応を決めていないがゆえ、情報の伝達と共有がうまくいかない所があります。

　「いた・いない」「聞いた・聞いていない」等の混乱を避けるためにも誰でも共有できる「見える化＝文字にする」が基本になります。そのためには、誰が上司で誰が部下であるか、その役職の役割は何か、明文化（文字にする）することが求められます。そして、やみくもに文字にするのではなく、書き方や書式の取り決めが大事です。そして、それは多職種でそれぞれにするのではなく、一元化することで情報が共有できます。それにかかる経費（人件費や物品費等）も削減することができ、効率化もできます。

　加えて大事なことは、皆で意見を言い合い、考えを共有する場として、会議やミーティングの場を業務と位置づけることです。運営を他人ごとにせず、職員誰もが運営の当事者であるという意識付けも不可欠です。

　チームケアの原則は、職員一人ひとりが自立した職員であることと、各職員がもつ情報を的確に伝達・共有できる仕組みをつくり出すことです。それは「記録の見える化」と「会議・ミーティングの整備」に尽きるでしょう。

1 組織体制をつくろう

　入居者一人ひとりに対応する個別ケアの実践には、職員も1人で対応できる自立した職員であることが基本です。そのために、どんな仕組みを取ったらいいのか、悩む管理者も多いと思います。

　まずは、組織をフラットにし、スピーディーに情報が共有できる仕組みをつくることです。管理者に情報が届くまで時間がかからず、職員も指示待ち人間ではなく、自ら判断・行動・報告できるようなシステムが求められます。そのためには、研修制度を組み立て、職員にも個別対応の教育体制が大事です。

　研修内容も「今現場に何が必要か」というニーズを読み取った研修にし、費用対効果を考えたものとするといいでしょう。現在は、どんなことも情報の取り方次第で大きく変わります。研修も同様で、流行やブームではなく、外部研修と内部研修、自施設の運営や職員の状態を見極め検討していくことが大事です。

2 記録を整備しよう

　第1章の24Hシートが支援の見積書になり、ケース記録は支援の実績になります（**図表4-1**）。介護は文字に表せないと言われた時代から、見積・実績書まで行き着いたその意義は大きく、他の業界と同様の構図になってきました。

　今までの介護では、「記録は業務の一環」という認識が不十分であり、また、ケアの視

点が病院モデルの「課題解決型」思考により「課題に対する変化」を記すことが当たり前になっていました。

仕事の成果としての記録は、「入居者は1日どう暮らしたか」であり、上記の「ケアの視点＝1日の暮らし」に合わせない限り書けなくなります。そうとはいえ、介護現場の記録に関する悩みは尽きず、**図表4-2**のように分類できます。しかし、これらの悩みは仕組みをつくればすべて改善できます。

記録の役割を**図表4-3**にまとめました。この考え方に添い、書式の整備（方法等は各章参照）

図表4-1　24Hシートとケース記録の関係

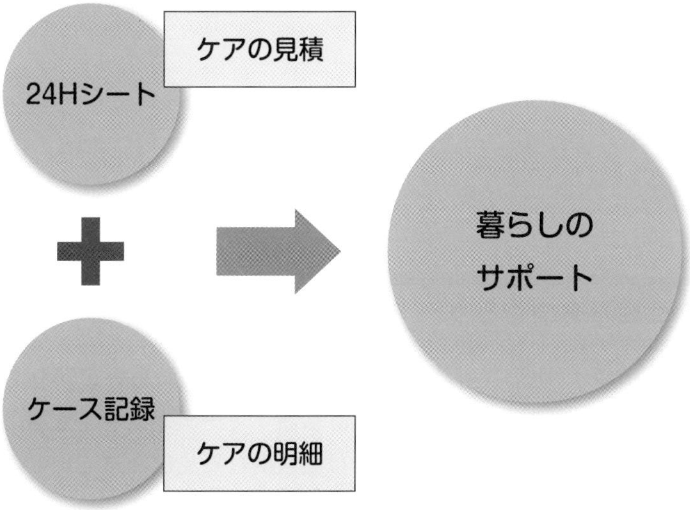

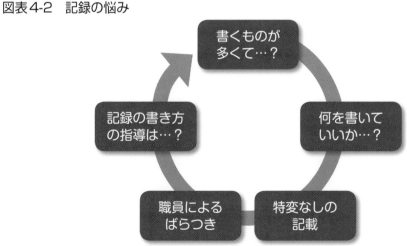

出典：秋葉都子『24Hシートの作り方・使い方——高齢者ケアを変える ユニットケアのアセスメントツール』中央法規出版、2013

図表4-2　記録の悩み

出典：図表4-1と同様

第4章　チームケア

図表4-3　記録の整理

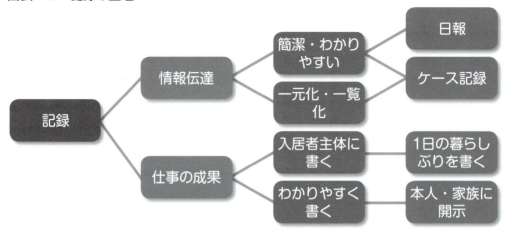

出典：図表4-1と同様

をすすめましょう。多職種協働など改善次第で大きく変わることができます。

3 情報共有の仕組みをつくろう

「見える化」で情報の伝達や共有は図れますが、理念に添い思いを共有することや事例検討には話し合いは欠かすことができません。会議・ミーティングを業務の終えた夜に行うことが多いかと思いますが、疲れた状態では建設的な意見は出にくいものです。職員が元気に参加できる開催方法にする必要があります。

そして、全職員が運営の当事者として意見を言い合うことは、業務の一環であることを浸透させることも大事です。どこで何が決まったか、それがルール化されていない組織では、職員のモチベーションも上がらないでしょう。

4 各職種の役割を明確にしよう

ユニットリーダーになりたがる人が少ないと嘆く管理者がいます。**図表4-4**は、日本ユニットケア推進センター・ユニットリーダー研修の事前課題で「ユニットリーダーの役割を明文化されたもので説明を受けましたか？」を集計した数字です。

図表4-4　ユニットリーダーの役割について説明を受けているか（ユニット開設済施設のみ）

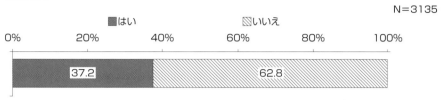

（平成26年度ユニットリーダー研修事前課題集計）

　多くの人が受けていないことがわかります。この状況では、どんな役割を果たしていいかわからず、ユニットリーダーになることをためらうことでしょう。

　それぞれの役割は、管理者は施設運営の総責任者であり、介護の中間管理者は、支援の部分（入居者・家族・職員）の責任者であり、ユニットリーダーは担当ユニットの責任者になります。組織の透明化の視点からも役割の明文化を進めていきましょう。

視点 ⑰ ……………………………………………………………… 組織体制をつくろう

68 組織図は、各職員の基本的な役割が明確になっていますか

❓ 考え方

組織図（➡p.222資料　図表68①②）を明確にすることから始まります。そして、各職の基本的な役割が事務分掌で明確になっていることが基本です。

ユニットの要となるユニットリーダーの役割（➡p.223資料　図表68③）を明確にするとともに、それに基づききちんと説明することが大事です。

✔ 実施に向けたチェックポイント

- 施設全体の組織図があるか
- 職務規定等のなかに、ユニットリーダーの職務についての記載があるか

Q 組織人として働いていることを、施設管理者は職員にどのように教育すればよいのでしょうか？

A 施設管理者は、職員採用時に、しっかりと組織図とそれに伴う職務規定を説明しなければなりません。とくに新卒採用時には、社会人としての経験がない新人職員に対して、組織とはどういうものか、組織の一員として活動することはどういうことかを、しっかりと教育する必要があります。また、新人職員だけでなく、現任職員に対しても定期的に確認し合う機会が必要になります。定例の会議にて、組織図や職務規定等を見直し、お互いの役割を再確認することができる機会をつくるとよいでしょう。

職員の役割が明確になることの効果

　組織図を把握できていると、それに基づいた自分の立ち位置を知ることができ、自分が誰に相談すべきなのか、誰に報告すべきなのかを自然と理解できるようになります。また、職務規定に整理された職員自身の組織のなかでの役割も明確になり、責任感が芽生えるとともに、誰が何をすべきなのかが明確になることで、チームケアの実践が円滑にいくといったメリットがあります。組織の一員として、職員自身が何を求められているのかを知ることで、何をすべきかが見えてくることも期待できます。

職員の役割を明確化する際のヒント

　組織というものは、メンバーの成熟により新たなポストを用意したり、人事異動等があったりと、当初の姿形のままずっと続くわけではありません。そのような転換期には必ず職務規定も合わせて見直す必要があります。組織図と職務規定は一体になっていなければいけません。組織図には新たに組織した役職が記載されているものの、職務規定が開設当初につくったままで、その役職の役割が表記されていないといったことがないようにしましょう。

視点 **17** ……………………………………………………………………………… 組織体制をつくろう

69 施設の方針に沿った人材育成制度が整備されていますか

❓ 考え方

施設運営は人材育成といっても過言ではないでしょう。

その理念、方針にそって、人材育成をするためにも、新人職員、中堅職員、リーダー職員等の職階に応じた研修や、職種、技術の習得レベルにあわせた勉強会を行うことも大事なことです。人材育成を行うことは施設が発展するためにも、非常に大事なことです。

✔ 実施に向けたチェックポイント

- 人材育成制度等が記載された文書類があるか
- 声のかけ方や入居者一人ひとりにあわせたコミュニケーションをとることについて、どのような教育を実施しているかを書類で確認できるか（介護方針や教育指針、接遇の勉強会、研修会時の配布資料等）
- 新入職員への教育内容が記載されているか
- 研修成果の確認や評価方法等を確認できるか

Q 人材育成にかかる費用対効果はどのように考えればよいのでしょうか？

A お金をかければいろいろなことができるようになりますが、重要なのはどこにお金をかけるかです。どうすれば費用を抑えつつ、最大限の効果を得ることができるかを考えるとよいでしょう。

施設全体の底上げを図るためには、キーマンとなる主任やユニットリーダーといった指導的立場にある職員の育成に力を入れるとよいでしょう。たとえば、指導者層が施設の代表として外部研修に行き、その職員が中心となり、自前で勉強会形式の伝達講習の場を開催すると効果的です。

しかしながら、人材育成に関しては、費用やコストではなく、投資ととらえる必要があります。とくに、開設して間もない施設や、異動等でリフレッシュしたばかりの

組織では、費用を抑えるよりもある程度の予算をかけて、研修体制を整える必要があります。また成果や効果は、はっきりと数値に表れにくいものであると同時に、すぐに結果が出るものでもありません。ある程度は長い目で職員の成長を見守る必要もあります。

施設の方針に沿った人材育成制度を整備することの効果

法人理念やケア方針のない施設はありません。しかしながら、それを全職員で共有できているかといえば、施設によって差があることでしょう。当然のことながら、組織が大きくなればなるほど、多様な職種、さまざまな価値観や考え方をもった人が集まるため、皆が同じ考え方で一致団結して活動することが困難になります。そんななかでも、皆が共有している価値観や考え方が共通言語として存在するからこそ、組織活動がうまく進むということになります。

人材育成がうまくいっているところは、組織の理念とケア方針と教育内容と実際の生活支援の様子が一致しています。反対にうまくいかないところは、その内容がバラバラになってしまっています。年々、人材の確保が難しくなっているなかで、人材育成制度が充実している施設こそが、限られた人材に選ばれる施設になるでしょう。また、優秀な人材の離職を防ぐためにも有効なことは言うまでもありません。

施設の方針に沿った人材育成制度を整備する際のヒント

人材育成にかかる成果や効果を確かめるためのポイントとして、事前に研修を受けさせるうえで期待していることをできるだけ明確に伝えておくことが大切です。また、研修報告書に学んだ内容を書かせるばかりでなく、本人にとってどんな成果があったのか、またこれから始めたいと思ったことは何かを記述させることで、費用に対する効果があったかどうかをより具体的に実感できるようになるでしょう。

そして、人材育成において最も大切なことは、職員それぞれの頑張っていることを適正に評価し、また次のステップに臨むための課題を示すことです。そのために、人事考課制度等のしっかりとした評価機能を整備する必要があります。リーダー層の評価者としてのトレーニングは、日常のコーチングスキルの向上にもつながります。また、適正な評価をもとに組織内のキャリアアップ制度（➡p.224資料　図表69①）にもつなげていければ、職員のモチベーションの向上にもつながることでしょう。

視点 ⑰ ……………………………………………………………………………… 組織体制をつくろう

70 施設内では研修や教育担当者が決まっていますか

❓ 考え方

研修は目的と達成度を企画段階からきちんと決めて進めると効果的です。そのためには、今、自身の施設には、どのような学びを必要としているのか、研修を選択したり、施設内で開催したりする研修担当者を決めておきましょう。

✔ 実施に向けたチェックポイント

- 施設管理者は、組織図や職務内容で研修や教育担当者を明確に説明することができるか（複数名の担当チームでも可）

Q 教育担当は、1人の職員に任せるのと、チームを組ませるのでは、どちらがよいのでしょうか？

A チームを組ませる場合、何人かの先輩ユニット職員が新人職員の勤務に合わせて指導にあたることになります。新人職員が抱える悩みの多くは、教わる人によってその内容が違うというものです。最悪の場合、人手不足な状況も重なり、疑問や不安を抱えたまま誰にも相談できずに独り立ちしてしまうと、先輩職員や上司への不信感を抱く結果になり、離職につながる可能性もあります。新人職員がそういった悩みをもたずに成長できるように、教育担当者を決めて何でも相談しあえる関係性を築いていくことを勧めます。ただし、単純に教育担当者を決めたからといっても、担当者が介護・看護・栄養等、多岐にわたって指導できるとは限りません。さらに、担当者に任せっぱなしになることで負担が集中し、新人職員も教育担当者も疲弊してしまう事態を避けるために、ユニットリーダーがしっかりとフォローしていく必要があります。新人職員が、安心して独り立ちに向けてがんばれるように、教育に携わる人たちが考え方やケア方針を共有し、誰に聞いても同じように教えられるように準備をすることも大切です。

研修や教育担当者を固定することの効果

最近では、新人職員に対して一定期間教育担当者を付けて、新人をサポートするチューター制度を導入している施設も増えています。チューター制度では教育担当者を定めることで、新人職員にとっても相談する相手を身近に感じられるようになります。日頃から不安や悩みを打ち明けることができれば、安心して入居者に支援できます。新人職員が不安を抱えながら介護していることは、入居者にも伝わってしまいます。入居者にとっても新人職員にとっても、大きなメリットになるのではないでしょうか。

また、教育に携わる人たちが考え方やケアの方針を共有できれば、教育方針が明確になるだけでなく、日頃の支援のあり方を見直すきっかけにもなり、暮らしの質の向上が期待できるでしょう。

研修や教育担当者を固定する際のヒント

チューター制度の教育担当者には、日常の仕事や人間関係に対する悩みの相談役としての役割も求められるため、相手の話を傾聴することができ、その心情を汲みとれるような人が適任です。当然ながら、指導者として熱意や知識、正しい考え方をもてるようにトレーニングすることも大切です。

チューターの活動は、日々のOJTに加え、定期的な面談が重要になってきます。最初の頃は3日に1回、その後1週間に1回、独り立ち後は1か月に1回というように、なるべくこまめに面談し、新人職員の話を聞いてあげましょう。

その際には、なるべく現場を離れ、改まって話ができる環境で行うと効果的です。なお、教育担当にあたる職員には、通常業務以外に役割をもつことになるので、相応の手当を支給することも検討してください。

視点 ⑰ ……………………………………………………………… 組織体制をつくろう

71 施設の理念に基づいたユニットごとの目標を定めていますか

❓ 考え方

効果的なチーム活動を行うには、まずは理念、次に具体的な目標が必要です。毎年度、ユニットごとに目標を定めましょう。ユニットは活動の最小単位です。ユニットでの具体的な活動がケアの向上や運営の効率化に結びついていきます。

✔ 実施に向けたチェックポイント

- ユニットの年間目標等は事業計画と関連したものになっているか
- 理念や目標に対しての達成評価を行っており、その評価を次年度に反映させているか

Q 積極的に目標を達成しようとするための工夫はあるのでしょうか？

A 目標は立てるけれど立てたままになっていたり、評価するもののその時期に初めて目標が何だったのかを思い出すことになったり、目標が漠然としているため評価しづらかったりと、PDCAのサイクルがうまく機能していないことがあります。普段から目標を意識しながら暮らしの支援をすることのマネジメントは、大変難しいはずです。

そこで、①目標を明確にする、②どうすれば目標達成なのかという評価基準を決めておく、③そのために必要な行動を具体的に整理する、というプロセスを意識するとよいでしょう。また、③で定めた具体的な行動計画に日付をつけて、その日に必ず評価をします。できなかったのであれば、何が悪かったのか、次はどうすればよいのかを検討し、次の行動に展開させましょう。そしてこれらをどう定着させていくかが重要です。そこで、毎月のユニット会議を評価日にあわせることで、全職員が参画している場面で、全員で評価し、行動計画（➡p.225資料　**図表71**）の進捗や目標等を確認しあうことが容易になります。

ユニットごとの目標を定めることの効果

目標を具体的な行動に展開し、しっかりと評価していくことができれば、自分たちで立てた目標を達成できた実感、いわゆる成功体験を経験することができます。職員一人ひとりのモチベーションの向上ややりがいにもつながれば、職員にとっても施設にとっても大きな成果になるのではないでしょうか。

また、ユニットの生活環境や支援の方法が改善されれば、入居者にとっても、施設が居心地のよい場になるのは言うまでもありません。

ユニットごとの目標を定める際のヒント

目標を定めることとあわせて確認しておきたい点があります。それは、目標や具体化した行動計画等の進捗状況を評価する場があるかということです。ユニットで立てた目標とそれに基づいて取り組んでいる行動計画を、毎月のユニット会議等で定期的に確認しあうことをルーチンワークにすることと、一つひとつの行動の評価時期（いつまでに）をユニット会議の日程にあわせることで、メンバーにも目標を意識させることができます。

また、その目標が達成できなかった場合には、しっかりと評価し、次の計画につなげていけば、自然とよい流れになっていくでしょう。**図表71**（p.225）の書式を活用することで、管理者や現場責任者にとっても、どのユニットにどのような目標があり、どういった計画が進んでいるのかを逐次把握することもできます。

視点 ⓱　　　　　　　　　　　　　　　　　　　　　　　　　　　組織体制をつくろう

72 各種委員会が組織的な体制のなかで確立・機能していますか

❓ 考え方

施設では運営基準で決まっている委員会のほかにも独自の委員会を設置していることでしょう。委員会には、指針や設置目的等を作成することが大切です。委員会のメンバーは、組織的な体制のなかで決定し、機能させていくことも重要です。

✔ 実施に向けたチェックポイント

- 介護事故発生時の緊急対応指針があり、ユニットで確認できるか
- 事故防止委員会等の議事録があるか
- ヒヤリ・ハット（介護事故）等の報告書があり、実際に使用されているか
- 感染管理指針があり、ユニットで確認できるか
- 感染管理委員会等の議事録があるか

Q 会議や委員会が多すぎてうまく機能しません、どうすればよいでしょうか？

A 会議や委員会が多いと感じる原因は、いくつか考えられます。1つは、必要以上に多くなった委員会の構成が整理されないままになってしまっていること。もう1つは、1人が複数の会議に出席し、同じ話を何度もしなければいけない状況に陥っていることです。また、参加者が会議の目的を認識せずに、義務だからと参加しているために、負担に感じていることも考えられます。

そこでまずは、会議のむだをなくし、円滑に議事を進行するために、会議が組織図に沿って運営されているか確認しましょう。縦（組織の上下＝組織図）の系統の会議と、横（部門間の連携＝委員会）の系統の会議がどうリンクしているかも重要です（➡ p.226 資料　図表72）。さらに、誰にどの会議の責任をもってもらうのかをはっきりさせるとよいでしょう。その際に、任された会議での連絡、上部の会議への報告・相談等、会議を任された者には、責任者としての役割を明確に伝える必要があります。ダラダラと長い会議が多くなってしまうと、参加者の負担になります。決めた時間どおりに会議を終える工夫として、事前に検討事項を決め配布し、参加者に意見をまとめてもらったり、会議進行のタイムキーパー役を決めるとよいでしょう。必要であれば、ファシリテーターとしての知識や技能を指導することも検討します。

委員会が組織的に機能することの効果

　上からの意思の伝達と下からの意見の吸い上げがうまく機能すると、組織の活性化につながります。自分たちの思いがケアに反映されていることが実感できれば、課題を解決する力もわいてくるでしょう。次第に組織への参画意識も芽生えてきます。組織に対する帰属意識が高まれば、職員の定着にもつながることが期待されます。

　委員会は、本来その効果が発揮できる会です。

委員会を組織的に機能させる際のヒント

　会議が実りあるものになるように、参加者に発言しやすい空気をつくることも重要です。会議の冒頭で、「最近あったよかったことやうれしかったこと」等を挙げて、5分程度ウォーミングアップをする工夫もよいでしょう。会議で決まったことを最後に確認しあい、実践されているかを点検するチェックマンを決めておけば、会議で議論したことがむだになることを防げます。

　さらに、管理者が一元的に委員会を把握する工夫として、委員会の責任者を主任会議のメンバーが担い、毎月の主任会議で進捗状況を共有するのもよいでしょう。そうすることで、組織での委員会の位置づけが明確になり、定例の会議と委員会の会議、つまり縦の系統の会議と横の系統の会議がうまく連動する形をつくることができます。

　また、全職員が自由に参加する委員会を選べたり、どんな委員会があったらいいか提案できる仕組みがあるのもいいでしょう。自主的な委員会になります。

視点 ⑱ ……………………………………………………………………………… 記録を整備しよう

73 各職種が同じ書式に記録（一元化）をしていますか

❓ 考え方

　入居者一人ひとりの暮らしのサポートは、多職種がかかわり多面的なサポートになっています。その結果を記録用紙に、1日の暮らしぶりがわかるよう、それぞれの立場で記入していくことが大切です。
　そして、記入用紙は一元化（1つにする）することで情報の共有伝達が効率的にできるようになります。

✔ 実施に向けたチェックポイント

- ケース記録は、職種別になっていないか
- ケース記録等に看護師、栄養士、生活相談員、ケアマネジャー等による記載があるか

Q どの職種が書いた記録なのかがわかるようにするためには、どうすればよいのでしょうか？

A 施設には、介護職だけでなく医療、栄養（厨房）、機能訓練の担当や生活相談員、ケアマネジャーなどの職種が配置されています。そして、さまざまな専門性をもち、入居者の24時間の継続した暮らしを支援しています。

　主役が入居者であることを考えれば、記録は1日の流れに沿った入居者単位であることが望ましく、多職種がチームケアとして連携するうえで効率的な情報の伝達や共有につながります。その入居者の記録に多職種の情報が記載されていることで、専門職の視点に立った必要な情報を素早く確認することができます。

　例えば、黒色は介護職、赤色は看護師、緑色は栄養士というように色分けで書いたり、記録者名の前に記号で、㊞（看護師）、㊟（栄養や食事にかかわる職員）、㊌（介護職）などを記載することで、どの職種が記載したのかが一目で見分けられます。

　介護記録でケアプランの支援部分が確認できると、ケアプランの評価や家族への説明に効果的です。

記録の一元化がもたらす効果

　体調を崩した入居者の家族へ連絡を入れた事例です。その時は不在でしたが、後日、家族より電話での問い合わせがありました。ユニットでは、いつ頃から状態の変化がみられたのか、嘱託医の指示、看護師の対応、栄養士の食事対応などについて、入居者の記録により待たせることなく伝えることができました。

　以前は看護師がどのような処置をしたのかや栄養士の対応については、それぞれの記録を確認しなければ伝えることができませんでした。

　書式を1つにすることで、暮らしにかかわるすべての情報が集約され、かかわる職員全員が、その入居者を共通の認識のなかで理解し、サポートすることがしやすい仕組みになります。

記録を一元化する際のヒント

　入居者の記録はどんなときに活用されるかといえば、勤務交代時の引き継ぎのための情報確認やカンファレンス、家族への説明（提示）などが主となります。

　記録を一元化するためのヒントとして、その方の暮らしという視点から記録するならば、24Hシートに沿って記録することで、変化と経過を追うことができます。さらに、専門職（生活相談員やユニットスタッフ、看護師や栄養士、機能訓練指導員等）の立場で記録したことが一目でわかるよう職種ごとに色分けできると、必要な情報だけを直ぐに取り出すことが可能です。バイタル情報や食事や水分量、排泄量など必要項目を書式に組み込むことで、多職種間で共通した記録様式とすることができます。しかし、ノート形式の場合、記録者が重複しないようユニット内でリアルタイムでの記録ができる工夫や、パソコン使用の場合、操作が苦手な職員への指導や研修などの対応が必要となります（➡p.43資料　**図表9Ⓑ**）。

視点 ⑱ ……………………………………………………………………… 記録を整備しよう

74 記録は家族が理解できる言葉で書かれていますか

❓ 考え方

家族に私たちのした仕事の結果（暮らしのサポート）を報告するのは当然です。その報告の詳細が記録になりますので、理解できる単語や状況を記載するようにしましょう。家族が理解しにくい略語や専門用語を記載することは控えましょう。

✔ 実施に向けたチェックポイント

- 記録に造語等がないか
- 記録の書き方について、模範記録例、書き方指針、勉強会・研修会の配布資料等の文書があるか

Q 診断名や薬名は、言葉を略して記載する必要があるのでしょうか？

A 記録には、入居者の生活の様子や状態の変化、支援に必要な内容が書かれています。記録を見るのは、担当の介護職だけとは限りません。上司だったり、状況によっては行政関係者だったり、家族に体調の変化の流れを記録をもとに説明するということもあります。

記録を書くのは主に介護職や看護師、栄養士などの専門職が多いです。記録では、専門職にしかわからない言葉や略語、記号で表すことがあります。また、業務中に職員間で申し合わせた合言葉のような単語を使う場合もあります。おそらく、記録時間の短縮のため、長い言葉や状態の表現を短くするためには、書きやすい表記方法なのかもしれません。しかし、家族や記録を見る他の人のなかには、専門用語がわからない人もいます。まして、略語や合言葉はわかりません。できるだけ日常生活で使用する言葉で表現し、誰が見ても理解できることが大切です。

福祉や医療の専門用語でしか表記しにくい単語や表現の場合は、誰もが説明できるようにする必要があります。

家族が理解しやすい記録のもたらす効果

　体調が悪い状態が続いていた入居者の家族に連絡をした事例では、家族が施設に面会に来た際に「いつからこのような具合になったのですか」と質問がありました。介護職が説明しましたが、言葉だけでは理解していない様子がうかがえました。

　そこで、記録を見せながらゆっくりと説明したところ、体調の変化やそれに伴う介護職の対応が確認できたことにより、その対応に感謝していました。わかりやすい言葉で記録されていたことで、家族とも情報の共有が簡単にできたと思います。

家族が理解しやすい記録作成のヒント

　家族に記録を見せながら説明をしたのに理解していなかった事例がありました。家族は帰り際に事務室に立ち寄り「何かよくわからない英語か何かで書かれていたところがあったけれど、聞かなくても…と思ったので」と言っていました。受診結果の診断名や数値の表記が「FA」や「NC」と記載されていたからだったようです。そこで、多職種からなる「記録のプロジェクトチーム」をつくり、記録を検証し、私たちが普段使っている言葉について見直しました。造語は使わないなど家族が見てもわかる記録のルールづくりや研修会の企画、記録の方針を整理することができます。

図表74①　専門用語の略語とその意味の例

専門用語・造語・略語	元の言葉	使われ方	意　味
陰洗	陰部洗浄	陰洗実施	陰部洗浄を行う
FA	FAMILY	FAに報告	家族に報告
NC	NURSE CALL	NCあり	ナースコールあり
OP	OPERATION	OP後	手術後
サ責	サービス提供責任者	サ責に報告	サービス提供責任者に報告

視点 ⓲　　　　　　　　　　　　　　　　　　　　　　　　　　　　　　　　　記録を整備しよう

75 個人情報に配慮した記録の管理をしていますか

❓ 考え方

記録は個人情報に配慮し、きちんと管理しましょう。入居者の身近な場所で記録をするのはかまいませんが、他の入居者や家族に見えないようにしましょう。また、パソコンの場合は、パスワードやスクリーンセーバーの活用は基本です。手書きの記録は、出しっぱなしにしないで、その都度、片付け、本人以外の人が簡単に目に触れることがないよう配慮しましょう。

✔ 実施に向けたチェックポイント

- 職員は、自施設の『個人情報の取り扱い』等の文書の内容を説明することができるか
- 記録の保管場所は、誰もが見ることのできる場所ではないか
- 記録を誰もが見ることのできる場所に放置することはないか
- 記録の入ったパソコンには、パスワードやスクリーンセーバーが設定されているか

Q 本人の記録であれば、目の前で書いてもよいものでしょうか？

A リビングで記録をすることが基本となります。しかし、目の前で記録などの作業をしていれば「何をしているのだろうか」「何を書いているのだろうか」と気になる人もいます。入居者の細やかな表情の記録や体調の変化などについては、データとして記録するため、入居者の暮らしの場で記録をすることは、作業や情報の伝達から考えても効率的です。

ユニット内で記録をとることは、プライバシーや入居者の暮らしの場という点に配慮した記録のルールを考えなければなりません。本人の目の前でその人の記録をすることは特に問題はないと考えますが、訪問者や本人以外の記録を書く場合は、プライバシーや個人情報の取り扱いから考えても好ましいとはいえません。他の人が覗いたり、ちょっと席を外したときに持ち出される危険もあります。

記録は個人情報であることから、個人情報保護法に沿った施設の方針や取り扱い方法を定め遵守することが必要です。

記録を入居者の前で書くことの影響

ユニットを入居者にとって落ち着いた生活の場として考えれば、職員が記録などの作業をしている姿はどのように映るでしょうか。ある入居者は、誰のことを書いているのだろう、どんなことを書いているのだろうかという不穏につながることもあります。入居者が不穏にならないための説明や個人情報への配慮を忘れてはいけません。ユニット内に記録の場所を設けることでケアや記録時間の効率を図ることができるし、本
人の今の様子であれば、観察しながら記録ということもできます。その場合、ユニット内が入居者の生活の場であるという雰囲気を崩さない記録場所の設定が必要です。

記録を入居者の前で書く際のヒント

「隣で仕事をさせてくださいね」と声をかけることで、入居者とのよい関係を保つことができます。記録がユニットで行えることは効率的で、小さな気づきなどもタイムリーに記録することができるので、細やかな内容を記録することにつながります。しかし、個人情報としての記録の取り扱いには気をつけなければなりません。記録ノートがテーブルなどに放置されていたり、パソコンの画面が開きっぱなしで誰でも見るこ
とができるようになっているのは注意しなければなりません。記録をするときの留意点を整理しておくことが大切です。

視点 ⑱ ──────────────────────────── 記録を整備しよう

76 記録はユニットで保管（一覧化）していますか

❓ 考え方

　記録は私たちの仕事（暮らしのサポート）の結果を記し、多職種の記載を一元化します。入居者のいる場所で、タイムリーに記すのが原則であり、ユニットで管理すること（一覧化）が基本となります。

✔ 実施に向けたチェックポイント

- ユニットに記録物が保管されているか

Ｑ 記録が一覧化されると、看護師や栄養士などの職種はどのように記録にかかわればよいでしょうか？

A 多職種が記録を同じ様式に書き込むことで、記録を入居者主体として書くことができます。情報共有の視点からも記録が効果的に活用されることにつながります。生活相談員の情報や看護師がバイタルの数値や医療的に対応した内容を記録します。また、栄養士は、食事形態の変更や注意点などを記録し、機能訓練指導員が実施時の状況などを記録することで、ユニット職員も専門職の情報を得ることができます。この記録はユニットに置きます。したがって多職種の職員はユニットに出向き記録をします。

　また、オンライン化している所では、各部署にパソコンを設置することでタイムリーに記録ができます。

記録をユニットで管理することがもたらす効果

ユニットで入居者の情報管理をすることで情報の煩雑化を防ぎ、データや支援内容など必要な情報は必ずそのユニットに行けば確認できることになります。入居者の記録の確認や作成が即座にできるため、限られた時間を入居者のケアに多く費やすことができます。

何よりも家族が来所した際、生活相談員や看護師、栄養士の記録もユニットの日常の様子もそれぞれの場所に取りに行かなくても伝えることができます。記録の提示を求められても、その場で提示することができます。担当介護職以外の職員がヘルプに入るときも、そのユニットにいながら入居者の情報を確認することができます。

また、急な通院時もさまざまな部署から情報を得なくても、1か所からすぐに情報を得ることができます。

記録をユニットで管理する場合のヒント

記録などの個人情報の取り扱いや守秘義務については、記録がノートのようなファイルや冊子であれば、鍵のかかる棚等に保管されているのか、その鍵は適正な場所に管理されているのか。パソコン等であれば、不特定多数の人が見ることができないよう、起動するために必要なパスワードが設定されているのか、その場を離れる際、画面をつけたままにしていないか等の配慮が必要となります。

職員が守秘義務のルールを理解しているかどうかを確認することで、意識が高まるでしょう。

視点 ⑱ ……………………………………………………………………… 記録を整備しよう

記録の書き方や取り扱いの教育を行っていますか

❓ 考え方

記録は仕事の成果を表すものですが、介護職等は文字化することに慣れておらず、「詳しく書きなさい」と言われてもどうしたらよいのかわからないのが現状です。まずは記録の方針を決め、それに沿って教育することで、仕事の成果を記録することの理解を進めましょう。

✔ 実施に向けたチェックポイント

- 以下のいずれかが確認できるか
  ①模範記録例等
  ②書き方指針等
  ③勉強会、研修会の教育内容

Q どのような教育方法が効果的でしょうか？

 記録を効果的に行うためには、職員が記録の必要性を理解し、記録の方法についてルール化していくことが大切です。

記録をサービス提供の根拠と考えるならば、計画等で予定されていたケアを実施したかどうかを専門職として記録に残すことが重要になります。また、記録がどのような場面で使われるのか、どのような人に開示を求められるかを考えることで、記録として求められる内容や項目も整理されます。例えば、入居者の暮らしの様子がわかる記録が家族の求める記録となります。

記録が職員によってバラバラな書き方であれば、情報の共有の視点から考えても非効率です。施設としての記録の方針をまとめ、研修を行います。新人研修に取り入れると、早い段階で統一された記録方法が身につけられます。

パソコン操作などの得意、不得意の差、文章作成や表現方法などの難しさもあり、内容別・個別の指導が必要になります。また、文書事例やマニュアルを作成・整理して研修を行うことが効果的です。

記録の教育がもたらす効果

　記録の書き方などを整理しないままだと、記録を作文や日記のように表現する職員もいます。また、敬語は使うのか、他の入居者の個人名を記載してよいのかなど、表現方法で悩むことで記録時間の効率化を妨げることもあります。研修を行う時には、記録の内容、記述の仕方、文章のまとめ方など施設の方針にあわせた参考事例をもとにした研修が効果的です。

　また、パソコンが苦手な職員には操作を中心とする研修を行います。例えば、職員から記録時に悩んでいる事柄を集め、それに対する手引書などのようにまとめておくと統一した記録につながり、記録時間の短縮の対策としても有効です。

記録教育を行う際のヒント

　ある日の記録に「居室に行ったらベッドから転落していた」と記載がありました。しかし、実際には転落したところは見ていません。どんな記録の仕方がよいかを考えてみます。まず、家族への報告や事故の内容がわかる記録として記載することが求められます。ベッドから降りた後の転倒の可能性もあります。「居室に行ったら頭を入り口側に向け右側臥位の状態でベッドの下に倒れていました。転落した可能性があります」がより適切と考えます。また、その時に「大丈夫ですか」とか「どうしましたか」などの問いかけに「はい」や「わかりません」と返答されたなどの会話や、看護師による身体状況や意識の確認、けがの有無を記載することで、様子を的確に伝えることや事故の予防対策にも活かすことができます（時間は様式として記載されているものとする）。

　このように、書く視点のポイントを事例として示し、研修を進めていくことが効果的です。

視点 ⑱ ────────────────────────────── 記録を整備しよう

78 本人や家族から希望があれば、サービス提供の記録等を開示していますか

? 考え方

　家族に入居者の日々の暮らしを知ってもらうことは仕事の基本です。そのために記録を開示するのはよいことです。ただし、家族が理解できる単語で状況を記載するようにしましょう。家族が理解しにくい略語や専門用語を記載することは控えましょう。

✓ 実施に向けたチェックポイント

- 施設管理者は、家族が希望すれば、記録の開示をすることについて説明することができるか

Q 記録は全員一律に送ったほうがよいのでしょうか？

A 介護記録は入居者の暮らしの証でもあります。入居者は家族と離れて暮らしているので、家族は日々の暮らしぶりや様子を記録から知ることができます。

　個人情報に関しては、利用者や家族から介護記録の開示を求められたときは、必要な情報の開示をしなければなりません。しかし、記録を全員一律に送らなければならないとは規定していません。本人・家族全員が本当に記録を必要としているのか、本人・家族がどこまでの記録開示を望んでいるのかという意向の確認が必要です。

　本人や家族からの求めがあれば記録を開示しなければならないということは、いつ求められるかわからず、いつでも開示できる記録でなければならないということです。ただし、施設の方針として家族に毎月介護記録を送っている施設もあります。そこは施設で方針を決めるとよいでしょう。

記録を提示することがもたらす効果

面会に来た家族から、施設での生活の様子を教えてほしいという申し出があった事例です。ここ数日間の起床時間や食事の状況、日中の活動の様子について、記録を確認しながら伝えました。少し前の外出時の様子も写真で記録に残っていたので、見せることができました。家族が来るとき、入居者はほとんどうとうとしているので「いつもこうなのか、どのように過ごしているのかがわからなかったが、こんなにいろいろしてもらっていたんですね」と安心したようです。今まで以上に家族との信頼関係ができたと感じることができました。

記録を提示する際のヒント

記録は家族の求めに応じ開示します。急変により受診した結果、入院と診断された入居者の事例では、状況が変化した時は家族に伝えていましたが、家族から「いつからですか…」「気づけなかったのですか…」などの質問に加え「最近の状況を教えてください」と言われました。そこで、数日前からの記録を家族に提示し説明したところ、起床から就寝、深夜時間帯のケアの状況や本人の様子を確認できたことで、日常の支援やケアについて十分な理解を得ることができました。記録によりいつから、どのようにという状況が読み取れることは大切なことです。

あまり施設に来ない家族には、毎月の利用料金の領収書などの郵送時に写真など表情などもわかる記録を送るのも効果的です。

視点 ⑲ ・・情報共有の仕組みをつくろう

79 ユニット会議やユニットリーダー会議を定期的に開催していますか

❓ 考え方

　直接的なケアだけが仕事だと思っていませんか？　施設ケアはチームケアです。ケース会議、業務ルールを検討する会議、ミーティングは大事な業務の1つです。話し合う場・決定の場があってこそ業務は進みます。ユニット会議やユニットリーダー会議を定期的に開催しましょう。

✔ 実施に向けたチェックポイント

- 各種会議・委員会の位置づけが記載された文書があるか（➡p.227資料　図表79①）
- 日時をあらかじめ固定しているか
- 月に1回以上実施しているか
- 議事録が作成されているか
- 議事録はユニットに保管されているか
- 中間管理職は、ユニット会議やユニットリーダー会議の議事録の提出責任者と、全部署が共有するための周知方法について説明することができるか

❓ ユニット会議やユニットリーダー会議の参加率を上げるためには、どのようにすればよいのでしょうか？

A ユニット会議やユニットリーダー会議は、話し合いにより意見を調整・決定したり、課題解決や情報共有の場として考えられます。しかし、その目的や機能が十分に果たされず、愚痴や課題の上乗せとなり、意見が出されても否定される、質問攻めにより先が見えないものになっていないでしょうか。
　ユニット会議やユニットリーダー会議の意義を理解し、参加者が有効に活用するためのルールづくりと、職員が参加しやすいように設定することで、その目的を果たすことができます（➡p.228資料　図表79②、79③）。言い換えれば、目的や運営方法を明確にすることが大切なのです。会議に参加しても意見も出ず、何も決まらずに一方的な内容であれば、誰も参加したいとは思わず、義務感で出席するだけになってしまい

ます。
　また、交代勤務の職場では、会議の日時を固定することで、勤務表作成時に会議に参加しやすいように調整することができます。

定期開催の効果

　まず、職場、組織として会議がなぜ必要なのか、目的は何かを確認します。必要性が正しく理解されることにより、会議で決められたことは施設やその部門の統一された決まりごと、あるいは具体的に方向を示すものとして進めることができます。そのためには、会議が業務時間内に業務の一環として位置づけられる（もしくは業務時間以外の場合は時間外手当てがある）ことが重要です。そのうえで、会議の手法を整理することが必要ですが、参加するだけでなく自分の意思や考えを伝えることで施設の取り組みや運営に参加している気持ちにつながります。目的がしっかりと果たせることは、組織を運営する際の大切なポイントです。また、参加率が上がることで、施設のケアの統一性が高まります。

定期開催実施のヒント

　会議の参加者に、その会議の次第や目的、協議内容、資料などを事前に伝えることがポイントです。参加者には、事前に自分の考えをまとめておいてもらうと効率的です。参加できない人の意見を事前に聞いておくことで、全員の意見が反映されて、参加意識につながります。進行役や記録などの担当を決めておくことや、ユニット会議やユニットリーダー会議を会議室などで開催することで、集中かつ充実した話し合いにつながります。
　一方的な意見に偏らないよう、進行役は皆の意見を引き出すことで、参加意識も高くなります。

視点 ⑲ 　　　　　　　　　　　　　　　　　　　情報共有の仕組みをつくろう

⑳ ユニット会議やユニットリーダー会議は、業務時間内に行われていますか

❓ 考え方

ユニット会議やユニットリーダー会議は業務の一環です。職員の勤務が多い時間帯に行うことができるように、時間のつくり方も含めてルーチンワークとして設定します。仕事が終わってから、時間が空いているから開催するのでは、せっかくの話し合いが効果あるものになりません。また、業務時間外に参加した職員には時間外手当を支給しましょう。

✓ 実施に向けたチェックポイント

- ユニット会議やユニットリーダー会議等は、業務時間内に行われているか

Q ユニット会議やユニットリーダー会議よりも、入居者との時間を優先すべきではないでしょうか？

A 施設の業務には、入居者への直接的なケア（支援）もあれば間接的な支援もあります。会議は、入居者への直接的なケアではありませんが、入居者の暮らしを継続的に支えていくためのケアの方針を決めたり、施設の課題の解決や、施設の運営、経営について話し合うこともある重要なものです。入居者の暮らしにかかわる話し合いや情報を共有するミーティングも大切です。職員が同じ方向を向いて会議の目的を果たすことは、職員が統一されたケアを行うことにもつながります。

施設にとって、重要な話し合いや調整、情報共有の役割をもつユニット会議やユニットリーダー会議は、直接入居者にかかわるケアと同じように、業務の一環として業務時間内に位置づけられることで、その重要性を示すことができます。業務時間内での設定が難しい場合は、時間外手当を付けることで、業務の一環である意識を高めます。

会議を業務時間内に行うことの効果

会議を業務時間内に行うことで、会議が業務の一環であるという重要性を認識することにつなげることができます。業務の一環であることで、会議に参加するための調整を勤務のなかで行うことができるので、参加しやすくなります。また、長時間勤務後の会議では、多少集中力も落ちます。

入居者への直接的なケアもそれにかかわる話し合いも、業務に一貫した流れのなかで行われることで、チームケアとしての連携意識をつくることができます。

会議を業務時間内に行うためのヒント

ユニット会議やユニットリーダー会議が施設の運営やケアにとって重要な業務の一環であるならば、定期的な開催として固定化し、例えば第1水曜日の13時30分からは運営会議、第2水曜日の15時45分からはリーダー会議などと取り決めることで、勤務表の作成時に調整することが可能です（**図表80**）。

会議の時間に協力ユニットなどがフォローに入ることで、メンバー全員が参加することもできます。各種委員会を含め、施設としての位置づけや構成メンバーを明確に整理しておくことは大切です。

図表80　会議のスケジュール例

	月	火	水	木	金
第1		3階担当者会議 13時30 3階フロア会議 15時30	1階担当者会議 13時30 1階フロア会議 15時30	口腔・嚥下委員会 14時	○○ユニット会議 14時
第2	2階担当者会議 13時30 2階フロア会議 15時30	△△ユニット会議 13時30	運営会議　13時30 看護師会議　16時	感染症委員会 14時	□□ユニット会議 13時30 ショート会議　13時30
第3	衛生委員会 16時	××ユニット会議 14時 ◎◎ユニット会議 13時30	リーダー会議　15時45	褥瘡・排泄保清委員会 14時	▽▽ユニット会議 13時30
第4	事故対策委員会　14時 ◇◇ユニット会議　13時30		サブリーダー会議 13時30	全体会議　10時/16時	栄養科会議　13時30
第5					

視点 **19** ・・・ 情報共有の仕組みをつくろう

81 ユニット会議やユニットリーダー会議の議事録は、すべての職員が閲覧可能ですか

❓ 考え方

　施設ケアはチームケアです。チームケアでは情報の共有が大きな鍵となります。会議等の議事録は、情報の共有や施設の方針・方向性を知るためにも大事なものです。職員が情報を共有しやすい仕組みつくりをしましょう。

✓ 実施に向けたチェックポイント

- ユニット会議やユニットリーダー会議の議事録を共有・周知するようになっているか

Q 閲覧可能としても、議事録を読みません。議事録を読むことの重要性をどのように伝えれば、職員は理解してくれるのでしょうか？

A 議事録は、情報共有としての大切な結果であり、まとめです。会議に参加できなかった職員は、議事録を読むことでその内容を確認することができます。

　また、会議に参加していても誰かが間違った解釈をしていたら、統一性が失われます。議事録により、内容を再確認するという目的も果たします。必要に応じて、後から会議の経過や結果を振り返り、改善のための新たな検討材料とする場合もあります。皆が、会議の議事録をなぜ確認しなければならないかを認識することが必要です。

　議事録を確実に回覧し、読んだか確認する方法については、議事録に回覧したことをチェックできるように決済欄を設けてみたり、あえてその内容について質問をして皆が同じように答えられるか確認してみるのも1つの方法かもしれません（➡p.229資料　図表81）。

　会議の位置づけや構成メンバー、開催日や進行役などのルールと一緒に、議事録についても責任者（担当者）や周知方法、閲覧方法、保管方法を整理するとよいでしょう。

議事録を全職員閲覧可能にすることの効果

　多くのユニット会議やユニットリーダー会議では、参加者があらかじめ決まっています。しかし、議事録を確認することで、会議で話し合われた内容を知り、活かすことができます。例えば、3階フロアの会議で話し合われた事故対応に関する内容を、2階のフロアリーダーが閲覧し、1階や2階にも共通すると思ったので、各リーダーに連絡して注意を喚起し、その対策を支持するなどです。このように、会議の参加者だけでなく、議事録においても有効に活用することができます。

議事録を全職員閲覧可能にする際のヒント

　議事録は、会議の前に記録担当者を決めておき、その報告様式などを決めておけば、効率的に作成できます。議事録は、職員全員がケアの統一や情報共有のためにいつでも気軽に確認できる場所に保管することが望ましいですが、大事な記録なので管理はしっかりとしなければなりません。

　また、議事録を作成し回覧するまでの期間が長すぎると、決まりごとが守られるまでに時間がかかったり、ケアの統一性がいつまでも図られないことになるので、速やかにつくります。

視点❷⓪ 各職種の役割を明確にしよう

82 対応が難しかったり終末期の入居者に、施設管理者が必要に応じてかかわっていますか

? 考え方

施設管理者は施設運営の責任者として、入居者・職員・経営の責任があります。施設方針に基づき対応し、どんなケースの入居者に対しても対応する役割があります。

✓ 実施に向けたチェックポイント

- 施設管理者は、自ら直近でかかわった対応が難しかったり終末期の入居者について、特徴と、その経過を説明することができ、また記録等でそのかかわりについて確認できるか

Q すべての対応や終末期に関与すべきなのでしょうか?

A 施設管理者は、施設におけるすべての事柄に対して責務があり、責任を求められます。近年では、入居者たちの権利意識の高まりや、入居者の支援の集大成であり尊厳の象徴としての看取りが特徴的です。これらを考慮したとき、担当職員の対応に委ねるだけでなく、場合によってかかわりの多寡はあるにしても、施設管理者が関与することが必要です。

施設に求められる使命としては、入居者の身体的支援や施設生活へのかかわりだけでなく、家族を含めたレスパイトケアにいたるまでの幅広いかかわりを期待されています。施設管理者として積極的にかかわりをもち、仔細な情報と真の要望に接することで、的確な対応が可能となります。

その結果、入居者や家族、地域の人たちに信頼される施設となります。

施設管理者が必要に応じてかかわることの効果

　入居者へのかかわりは、施設の理念や方針の実践と、入居者や家族の考えを確認できる貴重な機会であり、運営上の重要な情報源となります。また、施設管理者が積極的にかかわりをもつことで、入居者や家族との信頼関係の構築に大きく寄与することとなり、職員の指導、育成、教育にも実践的行為として示すことにもなります。

　何よりも、職員とかかわりを共有することで、職員との信頼関係の構築とコミュニケーションの深まりを得ることができます。そのことで、施設管理者として入居者の生活支援に関するサービスや相談業務だけではなく、労務管理上の人材育成や職員の定着効果等にも大きな効果が期待できます。

施設管理者が必要に応じてかかわる際のヒント

　家族等とかかわりをもつうえでは、信頼関係の深さが重要です。そのためには、できるだけ入居前（契約申し込み時）からかかわり、キーパーソンとなる人を含め、家族とのコミュニケーションを図ることが大切です。

　施設の最終責任者として、日常的に積極的なかかわりをもつことを心がけ、関係職員との間で最新情報の共有ができるシステムを構築しておくことで、問題発生時や解決時に大きな効果を発揮します。入居者の終の棲家となりうるハードやソフト、システム等の環境整備も必要でしょう。

視点⓴ ……………………………………………………… 各職種の役割を明確にしよう

83 施設管理者は、施設全体の様子を把握するために、ユニットへ足を運んでいますか

❓ 考え方

ユニットは理念に基づき施設を運営している最前線です。ユニットの様子を見ることで施設の実態を把握できます。施設管理者はユニットに足を運ぶことが役割の1つです。

✔ 実施に向けたチェックポイント

- 施設管理者は、平均して月の3分の1以上はユニットに出向き、職員の情報等を把握しているか
- 施設管理者は、ユニットで重点的に取り組んでいることや取り組んでほしいことを説明することができるか

Q ユニット内では入居者の様子を把握するため、どのような配慮をすべきでしょうか？

A 施設管理者として、施設全体を把握し正確な情報と最新の状況を知り得ることは、的確な判断と指示を出すために不可欠です。各担当者や専門職の報告はもとより、できるだけ施設管理者自身で掌握し収集することで、事案の早期対応を図ることが可能となります。そのためには、ユニットへの訪問はとても有用な手段であり、施設管理者として非常に大切な仕事といえます。

しかしながら各ユニットは、入居者が主役の生活空間です。訪問にあたっては、入居者の生活環境や生活のリズムを乱すことのないよう、十分に配慮することが求められます。

職員に対しても、決して業務の監視・監督を目的に足を運んでいるのではないことを理解させるのが必要です。多忙な職務かもしれませんが、時間を割いて施設内を散歩感覚で足を運びましょう。想像以上の効果が期待できるはずです。

施設管理者がユニットに足を運ぶことの効果

　入居者や来訪した家族とのコミュニケーションを図ることで、施設管理者と家族の間に親近感が生まれ、信頼関係の構築の大きな要素となります。

　また、事前に記録を確認するなどし、必要に応じてその変化を職員に直接質問することで、施設管理者も入居者の情報を共有しているというメッセージとなり、協働意識を高めることも期待できます。固定配置の職員とのなじみの関係は大切であり効果のあることですが、ときには訪問者となり、入居者の好みにあわせた会話を施設管理者自らが演出しアクセントをつけることは、入居者の生活にいろどりを添えることにもなるでしょう。

　そのほか、日々の些細な変化は、多くの新鮮な気づきと感動を得ることができ、施設管理者自身のモチベーションを高めることも期待できます。

施設管理者がユニットに足を運ぶためのヒント

　業務上の監視管理行為として訪問するのではないことを強く意識することです。

　初めは少しぎこちなさがあるでしょうが、数回実行すれば、入居者も職員も自然に迎えてくれるようになります。1回1時間程度の訪問は、多方面で期待以上の大きな効果を与えてくれるでしょう。効率的で安定した運営を継続するため、正しい情報に基づいた関与をするためにも、自然体でさりげない訪問を施設管理者自身の日課とすることが大切かもしれません。時間帯もいろいろ選んで訪問しましょう。

視点 ❷⓪ ……………………………………………… 各職種の役割を明確にしよう

84 施設管理者は、入居者の家族との信頼関係を構築するように努めていますか

❓ 考え方

　入居者の保証人として家族とも入居契約が成立しているので、家族と信頼関係を構築することは大切です。その信頼の最高責任者として、施設管理者は家族との信頼を築くために行動することが求められています。具体的には、家族会の発足、家族への理念説明会の開催、法制度改正の説明会の開催などがあります。また、ユニットで行う家族との食事会、入居時の食事会にも出席しましょう。

✔ 実施に向けたチェックポイント

- 施設管理者は、入居者の家族とのかかわりについて、具体的な取り組みを説明することができるか

Q 施設管理者が直接家族との窓口になる必要があるのでしょうか？

A 肉親や親族を施設に入居させる状況は、家族や親族にとって多様な心理状態におかれることとなります。入居者の支援は、家族や親族とのかかわりの深さにより左右されることが多く、重要な課題です。そのような状況を踏まえたとき、関係職員や生活相談員だけでなく、最終責任者である施設管理者と家族との間に信頼関係が構築されているか否かは、入居者の生活支援に資するのみでなく、施設の運営上も大きな要因となります。ですから、入居者の家族との信頼関係の構築は、施設管理者としての大切な役割です。

　また、施設の理念に基づいた取り組みを理解してもらうとき、施設管理者は、立場上適任です。専門職との協働を念頭に、できる限り積極的に家族や親族とのかかわりをもつことが必要です。

入居者の家族との信頼関係構築の効果

　施設では、困難事例や看取りへの取り組みなど、家族や施設にとって重大な結論を出す状況があります。真摯な対応と十分な説明は当然ですが、何よりも必要なのは、お互いの信頼関係です。信頼関係の構築にはコミュニケーションが大切です。しかも施設の責任者である施設管理者との間で培われた信頼関係は、重要な要素として影響することになります。

　万が一の事故やその他の問題が発生した際にも、家族との信頼関係の深さによって、解決の道筋に影響が出てきます。また、施設管理者と家族が明るく会話をする光景は、施設内の雰囲気づくりにも貢献し、入居者の生活に安心感を与えるなど、よい影響が期待できます。さらに、職員のモチベーションの向上等につながります。

入居者の家族との信頼関係を構築するためのヒント

　家族との関係づくりは、施設管理者として果たすべき大切な役割です。だからといって、すべて直接の窓口になるということではありません。入居申し込み時や入居時の面談だけではなく、入居後、例えば家族会を構成して、その組織を基点にしたかかわりのもち方や、食事会等のイベントを企画する際の集団的なかかわりや、会話など、その機会は多様です。

　場面によっては、あえて関係職員や生活相談員を窓口としてかかわりをもつことも必要です。そうすることで、単に施設管理者として家族との関係性を深めるだけでなく、各職員への実践的な教育指導や管理でも多くの効果を得ることができ、運営の一体化を図ることが期待できます。

視点⑳ ・・・各職種の役割を明確にしよう

施設管理者は、地域住民やボランティアと密接な関係を構築するように努めていますか

❓ 考え方

施設運営には、地域の理解と協力は必要不可欠な要素です。その責任者となるのは施設管理者です。地域との関係構築は地域の実情に合わせて進めていきましょう。

✓ 実施に向けたチェックポイント

- 施設管理者は、地域住民やボランティアとのかかわりについて具体的な取り組みを説明することができるか

Q どのような場に足を運ぶものなのでしょうか？

A 高齢者施設は、単に入居者の暮らしの支援をするだけでなく、地域の福祉拠点としての役割を果たすことも求められています。

その使命を考えたとき、施設管理者が先頭に立って地域社会との関係づくりを進めていくことが必要です。近接の町内会をはじめ、地域の催事や市町村の社会福祉協議会に組織されているボランティア団体等の各種行事への参加などは、最も効果的なかかわりといえます。

また、地域の小・中・高校を始め、各種学校へのかかわりも有意義な行為です。生け花や茶道教室、舞踊や歌謡などの任意グループへのはたらきかけも、施設生活の多様性を演出するうえで、協力を得ることはとても大切です。施設管理者自身が地域の一員としての認識を強くもち、積極的な関係の構築を心がけることが必要です。

地域と関係性を構築することの効果

　施設運営をしていくなかでの課題の1つに、閉鎖的になりがちであることがあります。また、要介護者である入居者の安全・安心で快適な生活支援を使命としている以上、災害時を含めた非常時の対応策も整えておかなければなりません。公的機関に限らず、地域住民やボランティアの援助をお願いすることも想定する必要があります。

　外部のボランティアとの交流は、入居者にとって新鮮な刺激となり、生活のアクセントとなります。また、生け花を始めとする各種任意グループとの交流は、生活の多様性を演出するうえで大きな効果が期待できます。職員に対しても、支援の幅を広げる効果が期待され、モチベーションの維持・高まりに資することになります。

地域と関係性を構築するためのヒント

　地域事情はありますが、町内会の会員になることや、地域消防団の協力員になること等で、ごく自然にそのかかわりを深めていくこともできます。市町村の社会福祉協議会への積極的な参加は、多方面にわたる関係構築に大きな効果が期待できます。

　また、地域の小・中・高校とのかかわりは、生徒の社会教育の一環として学校側の要望もあり、相乗効果も期待できることから、積極的なかかわりをもつべきです。お祭りは、地域住民と触れ合う絶好の機会です。

　いずれにしても、すべてが一朝一夕に構築できるとは限りません。地域社会との関係構築は、入居者の満足度の向上に大切な、施設管理者としての業務で、つくり上げるまで努力を継続することが大切です。

視点 ❷⓪ ……………………………………………… 各職種の役割を明確にしよう

86 中間管理職は、すべての入居者の情報の把握に努めていますか

❓ 考え方

中間管理職は職員・入居者すべてをマネジメントすることが役割の１つです。情報収集の仕組みを構築し、施設全体の情報収集に努めましょう。

✔ 実施に向けたチェックポイント

- 中間管理職は、24Hシート活用の推進に向けた取り組みを説明することができるか

Q 多くの入居者の情報をどのようにして把握できるのでしょうか？

A 中間管理職としての職務は多岐に渡りますが、その１つとして、入居者の生活支援があります。そのためには入居者の情報掌握は必須です。情報収集の方法は施設事情によって異なりますが、最善の方策を駆使して把握に努めます。

まず、入居者の情報を一元化、一覧化するシステムがあると、それにより多職種にわたる情報の集約が可能となり、入居者の全体像の把握に効果的です。また、会議や申し送りなどだけで情報の収集・管理をするのではなく、できるだけリアルタイムで確認できるシステムを構築することで、多くの情報にいつでも接する機会を得ることも大切です。

そのために、情報のIT化を進めることで、より合理的でスピーディな情報管理が可能となり、多くの情報を把握するために大きな効果が期待できます。

いずれにしても、入居者の望む生活支援を提供していくためには、中間管理職の使命として情報を把握・管理することが不可欠であり、そのことを強く意識して業務にあたることが求められます。

入居者の情報を把握することの効果

　中間管理職は施設運営の要です。入居者の安全で平安な暮らしを支援する際、重要課題は何か、留意すべき点は何かを、職員への指導も含めて判断するときに大切なのは、根拠です。その根拠の裏づけとして活用するのが、入居者の情報です。中間管理職として、入居者の情報を把握していることを示す意味も含め、指導力を発揮する重要な手段として、効果を期待することができます。

　また、入居者はもとより、家族とのコミュニケーションツールとして情報の把握ができていることは、信頼関係の構築に寄与する効果が期待できます。日常的な情報管理を継続することは、入居者への職員のかかわりを含め、状況の変化を迅速かつ適確に確認することが可能となり、リスク予測や支援方法を含めた職員指導でも活用が期待できます。

入居者の情報を把握するためのヒント

　まず、24Hシートを作成することから始めます。各職種バラバラに情報が管理されていては、入居者全員どころか1人の情報を把握することも大変です。一元化、一覧化を進めるには、多職種が一元化、一覧化により、どれだけの合理化と利便性が図れるのか、研修等を通して効果と必要性を理解してもらうことです。記録委員会等を組織して情報収集や検討などをすることも有効です。

　施設内LANを組むなどIT化を図ることで、その効果は倍増します。記録にかかる時間的負担が軽減されることにより、職員の理解も深まるでしょう。特に、記録を含めた情報管理に取り組んでいる先進施設の訪問研修などは、有効な手段です。重要なのは、中間管理職自身が、記録と情報管理について理解し、導入の意思を強くもつことです。

視点 ❷⓿ ·· 各職種の役割を明確にしよう

87 中間管理職は、リーダーシップを発揮し、問題解決に努めていますか

❓ 考え方

中間管理職は、施設長と同様の方向性をもち、リーダーシップをもって入居者の課題や施設全体の課題の解決に努めるようにしましょう。

ユニットケアの理解を深め、推進する意識をもちながら、一方で、困難事例や終末期の入居者にかかわり、家族や職員の支えになることが大事です。

✓ 実施に向けたチェックポイント

- 中間管理職は、直近でかかわった対応が難しかったり終末期の入居者について、特徴とその経過を説明することができ、また記録等でかかわりについて確認できるか

Q 中間管理職は困難事例や終末期ケアのすべてに関与する必要があるのでしょうか？

A 中間管理職の役割としては、全ユニットの状況を把握し、入居者の全体的なケアの向上に努めます。また、問題が起きたときには、対応の指揮をとることになります。

施設の理念に基づいて入居者の生活を支援するとき、生活支援の責任者である中間管理職は、困難事例や終末期ケアを含むすべての事案にかかわることが原則です。関与の度合いはさまざまですが、その状況に応じた対応が求められます。

身体介護だけではなく、尊厳を尊重した生活全般を支援することと、入居者個人だけでなく家族をも含めたかかわりまでも期待される今日、責任ある立場の1人である中間管理職が、関係する多職種とともに積極的に関与し、問題への対応と解決にあたることは、施設の使命でもあり、入居者はもとより家族や職員からも期待されている任務といえます。

中間管理職が関与することの効果

現在は、認知症の重度化と高齢者介護の顕著な傾向が顕在化するなか、いわゆる三大介護のみでは対応できない状況です。職員には資質もスキルも求められます。中間管理職としてかかわりを示すことは、貴重なOJTの実践でもあり、終末期へのかかわりを実技的に示すことで、介護技術だけでなく、入居者と家族を含めたかかわりが、いかに大切であるかを他の職員に体得させる貴重な機会です。

職員の教育指導だけでもその効果は大きなものですが、入居者や家族にとっても心強いことです。対応が難しい入居者は自らの教科書であり、終末期の入居者への関与は、個別ケアの究極です。積極的にかかわりをもつことで自身の資質向上に活かすこともできます。

中間管理職が関与するためのヒント

情報の一元化、一覧化はできていますか？　入居者の満足を得る支援と職員のモチベーションを上げるためにも、適確な情報の収集は欠かせません。対応が難しい入居者へのかかわりも終末期の入居者への関与も、いかに正確な情報を得るかが必要です。多様な事例を履修することも必要でしょう。そのために各種の研修会や事例検討会などに参加することも有効な手段です。かかわり方はさまざまですが、現場に常々足を運び、状況を把握しておきましょう。

各種のミーティングや会議にかかわり、多職種とのコミュニケーションを積極的に深めることが、中間管理職としての職責を果たすことにつながります。

視点⑳ 各職種の役割を明確にしよう

88 中間管理職は、研修体系の構築等を適切に修正・変更するよう努めていますか

❓ 考え方

職員教育の旗振り役は中間管理職の大事な役割です。中間管理職は、研修担当者とともに、現時点の施設の課題を把握し、研修体系やその構築をスムーズに変更したり、仕組みをつくります。

✓ 実施に向けたチェックポイント

- 中間管理職は、介護技術や知識等の指針づくりにかかわり、成果物があるか
- 中間管理職は、新人教育のプログラムづくり等にかかわり、成果物があるか
- 中間管理職は、組織的な研修体系の構築にかかわり、成果物があるか

Q ユニットリーダーにリーダーシップを発揮させることと、中間管理職の全体へのリーダーシップの加減をどのように考え、整理すればよいのでしょうか？

A ユニットリーダーにリーダーシップを発揮させるためには、思い切った権限の委譲が必要です。権限の委譲は、単にすべてを任せればよいということではありません。委譲した事柄について、中間管理職として自身が責任を負えるかどうかが問われます。

また、ユニットリーダーの行為が施設の理念に沿っているかどうかを、中間管理職は自らの責任において指導、確認することが必要です。それらを踏まえ、できる限り権限を委譲し、強く背中を押してあげることが、育成とリーダーシップの発揮につながります。

中間管理職として全体へのかかわりは、施設の理念と多職種協働を念頭に、入居者を中心とした取り組みがされているかどうかを確認・評価して関与の加減を判断するなど、なぜ関与するのかという根拠を明確にしたうえでの対応が必要です。

多職種それぞれの専門性を発揮することで、初めてよりよい支援サービス、チームケアが可能となります。中間管理職として、まさにリーダーシップの発揮しどころです。

ユニットリーダーと適切に関与することの効果

　人にはそれぞれ個性があり、得手不得手もあります。ユニットリーダーへの権限の委譲によりユニットリーダーの個性が発揮されることで、ユニットごとに変化が現れます。その変化をお互いが活用することで、質の高いユニットの構成が可能となり、ユニットリーダー間の情報交換の機会も増加します。

　また、ユニットリーダーとしての責任感の高まりは、入居者への支援のみならず、職員への指導に対しても積極性が期待され、ユニットリーダーのスキルアップにもつながります。そして、ユニット間の競争意識も芽生え、自然とモチベーションも上がり、相乗効果も期待できます。中間管理職が適宜全体へのかかわりをもつことは、施設の方針や生活支援の統一を図ることができ、多職種協働の確立に寄与することができます。

ユニットリーダーと適切に関与する際のヒント

　中間管理職として、公私にわたりユニットリーダーとのコミュニケーションを深めることで、互いの信頼関係を築き、ユニットリーダーの個性を把握することが大切です。そこで得た情報をもとに、不得手、不足な部分を掌握し、権限の委譲後はユニットリーダーを支援し、後ろ盾としての役割を強く自覚し、多くの成功体験を得ることができるように仕掛けることで、ユニットリーダーとして自立させることにつながります。

　全体へのかかわりでは、施設の理念や使命、入居者が主役になっているか等、根拠に基づいた判断をし、常に多職種とのコミュニケーションを心がけ、役割に応じたかかわりを実践します。

視点 ❷⓪ ……………………………………………………………… 各職種の役割を明確にしよう

89 中間管理職は、ユニットリーダー会議を主導していますか

❓ 考え方

中間管理職は職員・入居者すべてのマネジメント責任者です。チームの情報収集・共有の手段として、中間管理職にはユニットリーダー会議を主導する役割があります。

✔ 実施に向けたチェックポイント

- ユニットリーダー会議やミーティングの議事録で、中間管理職の参加が確認できるか

Q ユニットリーダー会議が活発に運営されるにはどうしたらよいでしょうか？

A 活発な会議にするためにはまず、出席者全員が意見を積極的に述べ合わなければいけません。もちろん、中間管理職の主導のもと有意義な会議運営がなされるところですが、そのための手段の1つとして会議用のレジュメを用意する方法があります。定例的事項、例えば入居者情報や職員の情報、ユニットの行事などを記載したレジュメを提出させます。各自が報告し、提案事項や相談事項などを議題として取り上げ、議事録に記録することで会議への参加意識を高め、会議の活発化を図ることができます。発言が少なく苦手とする職員に対しては、テーマを明確にし、すべての参加者が順番に発言することをルールとするなどの仕掛けも必要です。

ユニットリーダー会議を主導することの効果

　会議は、そもそも理念の共有、情報の共有の場であり、特に使命遂行の第一線に立つユニットリーダー会議は施設運営の大きな鍵になります。この会議を主導することは、ケアの方向性や業務の運営を統一したものにし、施設理念に即したケアを揺るぎない体制で提供していくために大きな役割と効果をもたらします。

　またユニットリーダー会議を主導することで、中間管理職としてのリーダーシップを発揮できることに加え、参加するユニットリーダーの素養の確認もできるなど組織運営上の効果も期待できます。

　さらに、協働体制を必然とする職場環境のなかで、職員同士が協調を図るために、ユニットリーダー会議の場で積極的に自分の考えを発言する習慣を身に付けさせることは、中間管理職として職員育成の一助としても活用できます。

ユニットリーダー会議を主導する際のヒント

　ユニットリーダー会議は施設サービスの要であり、その重要性から開催運営については十分な検討が必要です。施設によっては月2回の会を設け、細やかな情報の伝達と共有を図ります。開催は固定日（曜日）とし当然全員参加（勤務時間内）が原則となります。進行役は中間管理職が担当することが主流です。

　議事の進行を図るため主議題は前もって提示し、会議の場で全員が順番に意見を述べるようにしておくと発言のばらつきが解消でき、活気のある会議とすることができます。また多職種や施設管理者等の参加も積極的に導入すれば、より存在感のある会議となります。会議の議事録はしっかりと記録し、審議された結果や提案事項などの処理が確認できるようにしておくことも大切です。

視点 ⓴ ……………………………………………………… 各職種の役割を明確にしよう

90 ユニットリーダーは、担当するユニットの入居者の暮らしの情報を把握していますか

❓ 考え方

ユニットリーダーは、ユニットのプレーイングマネジャーです。まずは、ユニットの入居者の暮らしを24Hシートで把握しましょう。新人職員が一人で、入居者の援助を行うこともあるでしょう。その際には、24Hシートを活用することを促したり、最新の情報を書き加える等、積極的に入居者の暮らしを理解しユニット職員に伝えることが重要です。

✔ 実施に向けたチェックポイント

- ユニットリーダーは、24Hシートの必要性、目的、活用方法、効果について説明することができるか

Q ユニットリーダーは、把握した情報をどのように伝達していけばよいのでしょうか?

A 入居者の情報は、本人や家族からの聞き取りから得られる情報や日々の介護からの情報、他の専門職からの情報等さまざまです。ユニットリーダーは、いずれの情報も職員と共有できるよう伝達しなければなりません。それらの情報は、24Hシート・フェイスシートやケース記録、その他の記録により確認できるようにします。

記録は、入居者に最も近いユニットに置き、職員がいつでも情報を把握できるようにします。また、多職種と記録の一元化、一覧化することにより、記録やケアに要する時間の短縮や統一したケアを実施することができます。

申し送りによる情報の伝達は、施設全体で実施したりユニットごとに実施する方法、あるいは申し送りをしていない施設もありますが、いずれの場合も施設の人員体制や申し送りの時間、内容等を考慮して、施設にあった方法を決めればいいでしょう。

日々の業務のなかで職員全員が一堂に会する機会は多くありません。ユニットリーダーは、ユニット会議やミーティングで情報等について全員で意見交換し、共有する場になるようにリーダーシップを発揮しなければなりません。

担当ユニットの入居者の情報を把握することの効果

　ユニットリーダーが把握した情報を職員に伝達することは、ニーズの把握や24Hシートケアプランの作成に欠かすことはできません。特に事故防止にかかわるような情報は、迅速、確実そして全員に伝わるようにしなければなりません。情報を交換する機会は、職員間のコミュニケーションの場となり、お互いの意見交換や意思統一に役立ちます。このような意見交換や意思統一をすることによって、統一したケアの実現が可能となるのです。また、家族や入居者から情報を得る機会をもつことは、お互いの信頼関係の構築も期待できます。

担当ユニットの入居者の情報を把握する際のヒント

　ユニットリーダーは、さまざまな機会をとらえて、職員と情報交換の場を設けるように努めましょう。その際、ユニットリーダーは、ユニット職員がお互いの意見が述べやすい雰囲気をつくり、よく意見を聞く態度が必要です。また、情報交換の場に参加できなかった職員が、その情報を認識することができたかどうかの確認もしなくてはなりません。
　入居者の情報の把握は、各種の資料や記録からの読み取り、本人や家族、多職種等からの聞き取り、そして、日常生活の声や表情等から得られるように努めます。

視点 ❷⓪ ………… 各職種の役割を明確にしよう

91 ユニットリーダーは、上司や他部署と意見交換・連絡調整を行っていますか

? 考え方

　ユニットリーダーは、直属の上司と意見交換したり、相談することはとても大事なことです。その意見が、施設全体の課題となり、よい方向に向かうきっかけになります。また、1人の入居者には、多職種がかかわっています。多職種との意見交換や調整を行いましょう。スムーズな意見交換を日頃から行うことが大事です。

✔ 実施に向けたチェックポイント

- ユニットリーダーは、上司や他部署、介護職との連携における課題等を説明することができるか

Q ユニットリーダーが与えられた権限や責務のうえで、上司や他部署との意見交換・調整をする際に、どのようなことを配慮すべきでしょうか？

A ユニットリーダーは、与えられた権限や責務の範囲内で、問題や課題の解決に取り組まなければなりません。必要であれば、上司や他部署の専門職に意見や助言を求めて対応することになりますが、与えられた権限や責務の範囲を超える場合は、速やかに上司に報告し、指示を受けなければなりません。

　ユニットリーダーはプレーイングマネジャーです。精神的にも身体的にもハードな職務です。介護職や上司、他部署の専門職と積極的に相談することにより、負担も軽減されます。

　また、ユニットリーダーは現場の要望や意見の代弁者でもあります。会議等では、上司や他部署へ要望や意見を伝えなければなりませんが、その際は、お互いの立場を尊重し、冷静に意見を述べ、現場への理解を得られるよう努めなければなりません。逆に、上司からの指示や他部署からの要望や意見についても介護職に周知しなければなりません。

　このようにユニットリーダーには、上司や他部署との意見交換や調整が必要になります。介護職や上司、他部署とのコミュニケーションに普段から努め、良好な関係を築いていなければ、その職責を果たすことができません。

意見交換・連絡することの効果

　入居者へのケアは、多職種協働により充実したケアとなります。ユニットリーダーは、入居者に最も近い現場の責任者です。多職種との連携に中心的な役割を担わなければなりません。積極的に多職種とのコミュニケーションを図り、良好な関係を築くことができれば、専門職の適切なアドバイスを受けられます。上司からは、業務上の指示や命令を受けることになりますが、それを他の介護職に確実に伝達することにより、組織としての方針が徹底することとなります。

意見交換・連絡する際のヒント

　ユニットリーダーは、組織としての方針や管理者の考え方等をよく理解、把握して対応しなければなりません。また、介護以外の専門的知識も初歩的なことは勉強しておきましょう。お互いの立場を理解し、専門的な話し合いにもある程度理解できるようになれば、コミュニケーションもスムーズになり、信頼関係も構築することができます。このようにユニットリーダーは、普段から介護技術や専門知識の学習に心がけなければなりません。

視点 ❷⓪ 　　　　　　　　　　　　　　　　　　　　各職種の役割を明確にしよう

92 ユニットリーダーは、ユニットミーティングを主導していますか

❓ 考え方

　ユニットリーダーは、ユニットケアを運営する際の要です。したがって、リーダーが、会議やミーティングを主導し、ユニット内の成果や課題点を職員同士で意見交換を行うことを促したり、解決に導いていくことがとても大事なことです。

✓ 実施に向けたチェックポイント

- ユニットミーティングの議事録で、ユニットリーダーの参加が確認できるか
- ユニット内の問題・課題を認識し、今後、ユニットリーダーとして、どのように主導していくのか考えているか

Q ユニットミーティングの進行はどのようにしていけばよいのでしょうか？

A 介護は、チームワークが大変重要です。会議でお互いの意見を述べることによって、意思の確認や統一を図れます。そのため、ユニットリーダーは、参加者全員が活発に発言しやすい雰囲気づくりに努めます。このことにより、全体のチームワークも強化されます。会議等の時間は限られています。雑談にならないよう、ユニットリーダーは事前の準備をしっかりしておきます。事前に参加者に議題や日時等を知らせておき、進行を主導し、効率よく進行する必要があります。当日どうしても参加できない職員には、事前に意見を聞いておき、ミーティングの場で代弁するようにします。
　議題の内容によっては、上司や他の専門職に参加を依頼し、問題解決のアドバイスを受けられるように協力を求めるとよいでしょう。また、議事録を作成し、参加できなかった職員にも周知する必要があります。
　ユニットミーティングは、毎月1回は開催するようにしましょう。決まった日時を設定しておけば、全員が参加できる勤務表を作成することができます。会議中の入居者への対応は、他のユニットの職員や生活相談員、ケアマネジャー等他職種に応援を頼む工夫をすれば、全員の参加が可能となります。

ユニットリーダーがユニットミーティングを主導することの効果

ユニットの普段の勤務状況では、スタッフ全員が一堂に会することはありません。ユニットミーティングは全員そろうことができ、お互いのコミュニケーションが取れるための唯一といっていい機会です。会議での進行がうまく運び、お互いの理解が深まればユニットの人間関係もよくなり、チームワークの深まることが期待できます。

ユニットリーダーがユニットミーティングを主導する際のヒント

ユニットミーティングは、効率よく90分程度を目途にしましょう。ミーティング中の入居者への対応は、毎月各ユニットでミーティングの日程をあらかじめ決めておけば多職種の応援を得やすくなります。

また、ユニットミーティングは、業務時間内に開催するようにしましょう。議事録を作成し、参加できなかった職員に周知するとともに、上司に報告するようにします。ユニットリーダーはミーティングの資料等の準備をして司会を担当します。議事録作成等の役割は交替でするといいでしょう。

視点 ❷⓿ 　　　　　　　　　　　　　　　　　　　各職種の役割を明確にしよう

93 ユニットリーダーは、ユニットの人員配置や労働時間を把握していますか

❓ 考え方

ユニットリーダーが、自身のユニット職員の人員配置や常勤換算、労働時間を把握しておくことは、ユニットの運営に加え勤務表を作成するうえでも大事なことです。

✅ 実施に向けたチェックポイント

- ユニットリーダーは、ユニットの常勤職員数、概ねの勤務時間数を把握し、説明することができるか

Q 各職員の労働条件や契約内容なども、ユニットリーダーが把握する必要があるのでしょうか？

A ユニットの人員配置は、なじみの関係や個別ケアを考えた場合、介護職の勤務は固定配置が望ましいでしょう。入居者個々の24Hシートを作成し、入居者全員の一覧表を作成すれば、時間ごとに必要な介護量を把握することができ、勤務パターンの多様化の必要性がわかります。勤務パターンを多様化すれば、ユニットリーダーは職員個々の労働条件や契約内容を知り、労働時間の管理が必要となります。

入居者の介護ニーズにあわせた勤務パターンを作成することになれば、当然、ユニットによって勤務パターンが異なってきます。ですから勤務表は、ユニットごとに作成することになります。常勤職員は、週40時間以内、夜勤の回数は3～4回程度が目安となります。非常勤職員やパート職員については、雇い入れ時の契約に沿った労働条件等を考慮して勤務表を作成することになります。

労働条件や契約内容を把握し、効率的な勤務パターンを作成することで、個別ケアが可能となります。また、入居者の状況の変化や行事・通院等にも対応できる勤務表を作成することが可能となります。

人員配置や労働時間を把握することの効果

　ユニットリーダーが職員の労働条件や契約内容を把握したうえで、入居者のニーズに合った勤務表を作成することができれば、限られた労働時間を効率よく入居者のケアに配分することができ、個別ケアが可能となります。

　入居者のニーズは、一人ひとり違います。ユニットごとに入居者のニーズの違いも生じるわけですから、そのニーズに合ったケアを実現しようとすれば、勤務シフトもユニットごとに違ってきます。

人員配置や労働時間を把握することのヒント

　ユニット型特別養護老人ホームの看・介護職員の人員配置基準は常勤換算で3：1以上となっていますが、現実的にはほとんどの施設で2：1以上の人員配置をしています。2ユニットで夜勤者1名を確保し、夜勤回数を3〜4回程度にするためには、夜勤のできる常勤職員を1ユニットに4人は必要となります。日勤者の確保のためには4人以上の人員配置が必要となりますが、それ以外に非常勤職員を配置している施設が多いようです。

　週40時間の常勤職員の公休の数、16時間夜勤で明けの日や公休を考慮すると、日勤者が不足する事態となります。16時間夜勤でも日勤者を確保できるような人員体制が取れる施設はそれでもよいのですが、運営的にそのような人員体制が取れない施設では夜勤を8時間とし、明けの日をなくして日勤者の確保をしなければなりません。

　非常勤職員の場合は、雇い入れ時の勤務条件が異なることがあります。ユニットリーダーは、個々の勤務条件を把握して、入居者の生活リズムに合ったユニットごとの勤務表を作成することになります。

資料

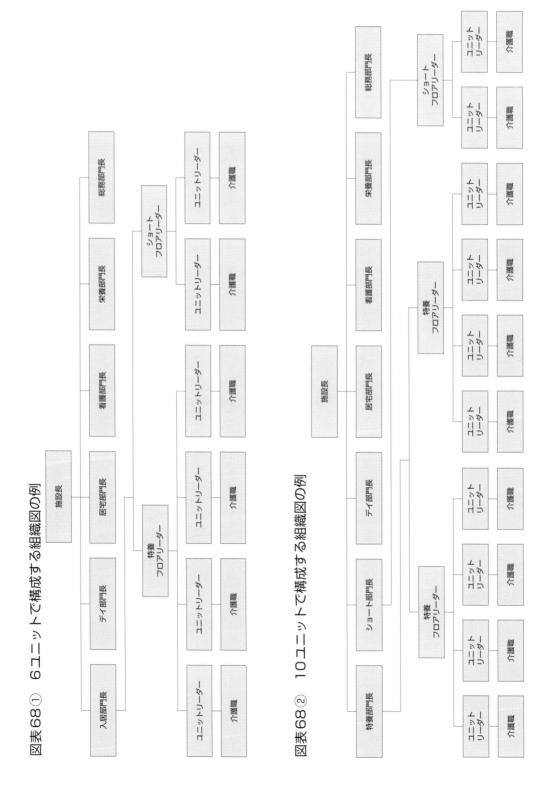

図表68① 6ユニットで構成する組織図の例

図表68② 10ユニットで構成する組織図の例

資料

図表68③　ユニットリーダーの役割

①入居者・家族への対応

- 個々の入居者の生活習慣やリズムに合わせたケアをすることは正しいことだと信じている。(一斉一律の介護はよくないと理解している)
- 個々の入居者の事をよく知るために、本人・家族からの聞き取り、ケース記録・フェイスシート等で情報収集をしている。また、その情報をユニット職員に目に見える形で示し、共有できるようにする。
- 現在のケアの在り方について、ケアプランに基づき、本人や家族に「なぜそうしているのか」等を納得してもらえるように説明する。

②組織の一員であることを理解する

- 施設の理念・目的、部門での目標等をしっかりと理解するために、施設の沿革や年度ごとの事業計画等を把握する。
- 自施設の常勤・非常勤の職員数等、職員配置を理解している。

③上司・部署間と連携する

- 上司から与えられた事案や議題に対して、根拠やデータもなく「人がいないからできない」等とは言わない。常に柔軟・論理的な発想を持ち、提案をする。
- 他部署との連絡・調整をするために、普段から積極的にコミュニケーションをとっている。

④ユニット職員と連携する

- ユニットをチームと意識させるために、組織の理念に基づき目標を掲げ、伝えている。
- 会議が時間内に終了するように事前の意見収集や資料等の準備をしている。

⑤自己学習をする

- 介護の考え方・技術・認知症・重度化した利用者への配慮・感染管理等についての最新の知識を身に着けるために積極的に情報収集している。

⑥ユニットのマネジメント

- ユニット職員がルールや制度を遵守しているかどうか監督し、ユニット職員に対して必要な指導をする。
- ルールや制度の修正や、改革への要望を必要に応じて上司へ上申する。
- 与えられた権限の範囲内でユニットの運営をする。(例) 他ユニットとの調整、他部署との調整、勤務体制、ユニット職員の評価、報告・連絡・相談、記録の整備及び保存等
- ユニット職員に介護技術・知識が備わっているかの見極めと、それに対する指導を行う。

⑦リーダーシップの発揮

- 施設長の想いや価値観、理念や行動基準を根気よくユニット職員に伝わるまで伝え続ける。(例)「なぜ個別ケアなのか？」「自分達が目指すケアはどのようなケアか？」
- ユニット職員とは違った視点で、ユニット内の問題・課題、人間関係でのトラブル等を認識し、職員に投げかけ、改善策や対策を検討する。
- ケアの改善策や暮らしを楽しむ企画等の提案を職員から吸い上げ実現していく。

資料

図表69① 介護職員のキャリアアップ制度の例

役職		職務	前提条件	能力要件	資格要件	研修受講	人事考課	審査
介護職員	介護主任	・ユニットリーダーの育成 ・フロアリーダーの育成 ・施設長の補佐 ・勤務表の作成及び調整 ・リーダー会議の開催	介護主任の職に欠員が生じたとき	調整力、指導力、監督力、企画力等、介護部門長として必要な能力の保有者	・介護福祉士 ・介護支援専門員 ・社会福祉主事 ※いずれか必須	・ユニットリーダー研修 ・介護福祉士実習指導者講習会		・理事長 ・施設長
	フロアリーダー	・入居者の生活支援 ・中堅職員の育成 ・ユニットリーダーの育成 ・介護主任の補佐 ・勤務表の作成及び調整 ・リーダー会議の開催	フロアリーダーの職に欠員が生じたとき	ユニットリーダーの経験と、介護主任に準ずる能力の保有者	・介護福祉士 ・介護支援専門員 ・社会福祉主事 ※いずれか必須	・ユニットリーダー研修		・施設長 ・介護主任
	ユニットリーダー	・入居者の生活支援 ・新人職員の育成 ・中堅職員の育成 ・フロアリーダーの補佐 ・勤務表の作成及び調整 ・ユニット会議の開催 ・ユニット行事の企画	ユニットリーダーの職に欠員が生じたとき	プレーイングマネジャーとして必要な能力の保有者	・介護福祉士 ・初任者研修修了 ・実務者研修修了 ・介護支援専門員 ・社会福祉主事 ※いずれか必須			・施設長 ・介護主任
	中級(中堅職員)	・入居者の生活支援 ・新人職員の育成 ・ユニットリーダーの補佐 ・ユニット行事の企画	入社して満2年を経過した職員(3年目以降の職員)					
	初級(新人職員)	・入居者の生活支援						

図表71　ユニット運営計画書の例

年度目標	おいしく楽しく食事ができる食卓と居心地のよい生活空間づくり						
作成日	ねらい	誰が	具体的な行動			評価時期	実施結果と評価（今後の課題）
			何を	どのように			
平成○○年○月○○日	個々のニーズに沿ったケアを統一して行う	各居室担当	24Hシートの内容の充実	各職員が24Hシートの必要性や意味を理解したうえで24Hシートを作成。状況に変化がある場合は、赤ペンで追記し、ユニット会議・担当者会議にて検討し、内容の更新をおこなう。担当者会議の開催曜日に合わせて更新し、毎月のユニット会議で評価する。	毎月ユニット会議	日々対応する中で、本人の意向が確認できる内容があれば、ケア記録に記載し、職員全員が確認できるようにする。居室担当者はその内容をもとに本人・家族に再度聞き取りをおこなったうえで更新する。毎月のユニット会議で評価する。
平成○○年○月○○日		ユニット職員	24Hシートの活用	ケアの統一を図るため、作成された24Hシートは、ケア記録ファイルの表紙にはさみ、職員全員がいつでも確認できるようにする。また、気づいたことや提案があれば各居室担当に相談し、内容によってはユニット会議で検討する。	毎月ユニット会議	毎月のユニット会議でお互いに確認する。
平成○○年○月○○日	落ち着きのあるリビング空間をつくる	ユニット職員	リビングの環境整備	机などの配置換えや模様替えをして、落ち着いて過ごせる空間を提供する。季節感も取り入れたり、入居者にも意見・感想を聞いていく。	○○月ユニット会議	
平成○○年○月○○日	楽しく家庭的な食事を提供する		食器の工夫	家庭的な雰囲気を味わっていただく為、ユニット費にて食器を購入する。同種類かを用意しておき、その中からその人に合ったものを選べるようにする。	○○月ユニット会議	副食の食器を購入、入居者の反応もよい。次はパン皿やスープ皿など種類を増やしていきたい。
平成○○年○月○○日		ユニット職員	配膳方法・盛り付けの見直し	①食事の準備ができたことを伝え、食べる方から配膳する。②盛り付けに工夫を加えて、温めるか冷ますかの意向も伺う。③食事形態については、ソフト食・ムース食以外の方でもほぐす必要があれば、食べる直前に行う。	○○月ユニット会議	①確認に時間がかかってしまい、先に食べたい方を待たせることがあったため、来月に再度評価する。②好みの量や温度で提供できることの理解がすすみ、意向を伝えてくれるようになった。③特に問題はない。
平成○○年○月○○日	表玄関と勝手口の区別がつく設えにする		玄関扉（表裏）の周辺の設えの工夫	2つの出入口を表玄関と勝手口と考え、表札や鉢植えなどから違いがわかるように設える。	○○月ユニット会議	表玄関の雰囲気は随分とよくなった。勝手口はもう少し工夫が必要、再来月に再度評価する。
平成○○年○月○○日	各居室が入居者にとって居場所と感じられるような環境にする	各居室担当	ご家族への持ち込み家具の説明と協力依頼	ご家族へ持ち込み家具について説明し、今まで使っていた物等を持ってきて頂けるよう協力依頼をする。	○○月ユニット会議	面会時または電話連絡にてご家族の協力に協力いただいたが、協力的なほうだとそうでない方がいる。まだ自分たちの思いが伝えられていないため、伝え方を来月のユニット会議にて検討する。
平成○○年○月○○日			各居室の設え	ご家族に持ってきて頂いたものの設置、または持ち込みいただけない場合、ご家族には、こちらで購入したい旨を相談する。	○○月ユニット会議	ご家族への連絡は完了したものの、まだ持ち込みいただいていない方もいる。来月までに、預かり金での購入が可能か相談をする。
平成○○年○月○○日	楽しく家庭的な食事を提供する	ユニット職員	食器の工夫	パン皿やスープ皿など種類を増やしていきたい。	○○月ユニット会議	
平成○○年○月○○日	表玄関と勝手口の区別がつく設えにする		玄関扉（表裏）の周辺の設えの工夫	勝手口の設えを再検討する。	○○月ユニット会議	
平成○○年○月○○日	各居室が入居者にとって居場所と感じられるような環境にする	各居室担当	ご家族への持ち込み家具の説明と協力依頼	ご家族への伝え方を検討する。	○○月ユニット会議	
平成○○年○月○○日			各居室の設え	持ち込みのないご家族に、預かり金での購入が可能か相談する。	○○月ユニット会議	

資料

図表72　委員会の構成例と組織全体で共有する仕組み

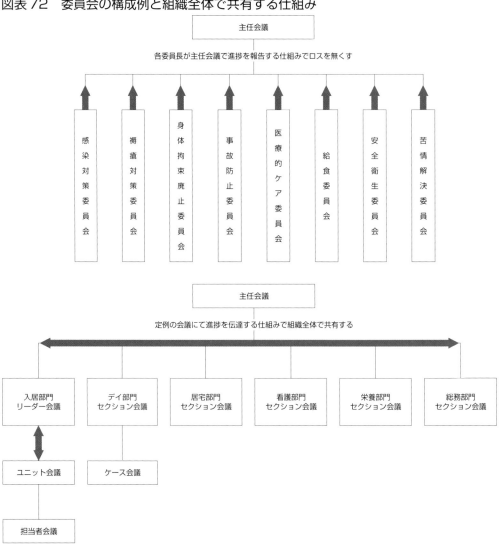

資料

図表79① 会議設置規定の例

会議名	会議の目的	参集範囲	開催
運営会議	① 特養・ショート部門における事業の運営や計画、サービス提供に関する原案に関する会議。 ② 経営状況を把握し経営改善や経営方針の原案を作成。 ③ サービスに関する質の向上の為の対応策などを検討。 ④ 課題解決に関する入居部門としての取り組みを検討。 ⑤ 入居部門の各種会議の運営・設置に関する検討。 ⑥ その他、施設長が提示した内容に関することの検討。	・施設長 ・副施設長 ・係長 ・生活相談員 ・フロアリーダー ・各種部門リーダー ・施設長が要請した職員	1回／月 必要に応じ施設長が召集
リーダー会議	① 運営会議の内容を受けて施設のユニットへの取り組みへ移行するための会議。 ② 特養・ショート部門におけるケア全般に関わる方針や業務内容に関する会議。 ③ ユニットケアに関するサービス提供全般に関わる検討、会議。 ④ その他、施設長が提示した内容に関することの検討。	・運営会議の職員 ・ユニットリーダー ・施設長が要請した職員	1回／月 必要に応じ施設長が召集
全体会議	① リーダー会議の内容を受けて施設全職員への取り組みへ移行するための会議。 ② 職員の質の向上を図るための研修の機会としても活用。 ③ その他、施設長が提示した内容に関することの検討。	・全職員対象	1回／月 必要に応じ施設長が召集
相談員会議	① 入居者の個別事項や入退居に関わる事項の検討。 ② 職員指導や課題解決に向けての会議。 ③ その他、施設長が提示した内容に関することの検討。	・施設長 ・副施設長 ・係長 ・生活相談員	必要に応じ開催
フロア会議	① ユニットケアについてフロアユニット間の調整会議。 ② 入居者・利用者のサービス提供、ケアに関する検討。 ③ その他、施設長が提示した内容に関することの検討。	・フロアリーダー ・ユニットリーダー（状況に応じ施設長、副施設長、相談員）	1回／月 必要に応じフロアリーダーが召集
ユニット会議	① ユニット内の運営についての会議。 ② 入居者の状態を確認し、ケア、サービス内容を検討。情報の共有を行う。 ③ その他、施設長が提示した内容に関することの検討。	・フロアリーダー ・ユニットリーダー ・ユニットスタッフ（状況に応じて対応）	1回／月 必要に応じユニットリーダーが召集
事故対策委員会	施設事故全般に関すること。	委員・その他	1回／月
感染症対策委員会	感染症全般に関すること。	委員・その他	1回／月
褥瘡・保清委員会	褥瘡・保清全般に関すること。	委員・その他	1回／月
食事・口腔ケア委員会	食事・口腔ケア全般に関すること。	委員・その他	1回／月
衛生委員会	法令に基づいて衛生委員会としての業務を行う。	委員・その他	1回／月
看護師会議	看護師業務に関する会議。	看護師・その他	1回／月
厨房会議	厨房に関する会議。	厨房関係・その他	1回／月
事務室会議	事務業務・調整全般に関わる会議。	事務担当者	随時

※ 各種会議の開催、メンバー、内容については、必要に応じ施設長が指示する場合はそれに従って行う。

資料

図表79② 会議の手法の例

項目	手法について	項目	手法について
開催責任者	なぜこの会議を行うかの説明をします	参加者	会議の目的をしっかり捉えます
開催責任者	進行役を決めます	参加者	自分の意見を紙に書き出席します
開催責任者	年間計画を立てます	参加者	事前に検討して出席します
開催責任者	資料を出します	参加者	発言しやすい雰囲気作りに努めます
開催責任者	自分の会議録に記録します	参加者	発言は否定せず別策を提案します
開催責任者	タイムスケジュールを設定します	代表者	10日前に代表者へ依頼します
開催責任者	優先順位を決めて進めます	代表者	職員の意見をまとめ会議に出席します
開催責任者	一人ひとりの意見を聞きます	代表者	所長には翌日には報告します
開催責任者	つぎの会議に評価します	代表者	関係部署には翌日〜3日以内に報告します
開催責任者	未達成の場合再度記載します	代表者	文書回覧は迅速に行います

図表79③ 施設の各会議の機能・関係図の例

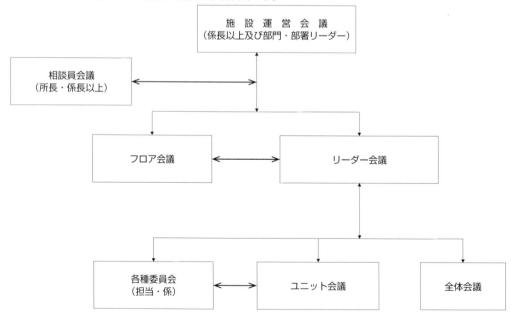

資料

図表81　会議の議事録と回覧票の例

記録回覧票

ユニット サブリーダー	ユニット リーダー	介護主任	介護課長	事務課長	施設長

記録回覧票　確認した職員はサインをしてください

5/6　福祉△△	5/7　日本〇〇		

会議参加者
□福祉△△　　□日本〇〇　　□ユニット太郎　　☒介護××

平成〇〇年度〇月　ユニット会議議事録（△△△丁目）

平成〇〇年〇月〇日（木）

出席者：■〇〇〇〇　■△△△△　■◇◇◇◇　□××××　■▽▽▽▽
　　　　■〇〇〇〇　■△△△△　■××看護師　■××××　□フロアリーダー
　　　　■▽▽栄養士

記録者：〇〇〇〇

番号	内容	検討内容
1	理念復唱（担当）	◇◇◇◇
2	事故報告	リーダーより
3	医務、服薬研修	
5	ケース検討	〇〇様 △△様
6	24Hシートについて	
8	その他連絡・報告	

第4章　チームケア

巻末資料

サービス向上のためのチェック項目一覧

視点	チェック項目	参照頁
理念	☐ 施設管理者が、職員全員に「高齢者の尊厳の保持」「施設の理念」を具体的なケアにたとえて理解させていますか	○○頁
	☐ 職員は施設の理念を理解していますか	
	☐ 関連法令は遵守されていますか	
24Hシートによる暮らしの把握	☐ 入居者のニーズに沿った、24H時間軸でのデータがありますか	
	☐ 職員が入居者を知るために、それぞれの24Hシートを把握していますか	
	☐ 入居者の暮らしの変化に合わせた24Hシートを更新していますか	
	☐ ユニット毎に各入居者の一覧表がありますか	
	☐ 24時間軸による記録は、ケアプランに連動したものになっていますか	
	☐ 24時間軸による記録は、ケース記録に連動したものになっていますか	
職員の固定配置	☐ ユニットごとに職員を固定配置していますか	
	☐ 常勤のリーダーが配置され、日中勤務のシフトになっていますか	
	☐ 夜間は2ユニットに1名以上の勤務体制になっていますか	
勤務表	☐ 入居者の暮らしにあわせた勤務シフトがありますか	
	☐ 入居者の状況に応じて、勤務の変更が容易にできる仕組みがありますか	
	☐ 勤務表は、ユニット毎に入居者の暮らしにあわせて作成されていますか	
居室	☐ 落ち着ける場所となるように、居室に入居者が持ち込んだ家具がありますか	
	☐ 洗面台は、入居者が使いやすい工夫がされていますか	
	☐ 居室の鍵の使用について、入居者や家族に施設の方針を説明していますか	
	☐ 居室のドアを、職員側の都合で常時開放していませんか	
ユニット（暮らしの場）	☐ 玄関は、玄関として認識しやすい設えになっていますか	
	☐ リビングには、食事の場とくつろぎの場が設けられていますか	
	☐ リビングには、入居者が見たり使ったりできる新聞や雑誌、お茶の道具などがありますか	
	☐ ユニットには、観葉植物や生花が飾られていますか	
	☐ リビングの採光や照明に配慮していますか	
	☐ 暮らしぶりや人間関係に配慮した家具の配置がなされていますか	
	☐ リビングに個性があり、同一の設えになっていませんか	
	☐ 浴室・脱衣室は、入居者のプライバシーと清潔感に配慮していますか	
	☐ トイレは、入居者のプライバシーと清潔感に配慮していますか	
	☐ 少人数ごとに浴室を配置していますか	
暮らしを実感できる空間づくり	☐ ユニットを一歩出た場所には、雑談をしたり、1人になれる場所がありますか	
	☐ 趣味や習いごとを楽しむ活動が開催できる場所がありますか	
	☐ 施設内に街の雰囲気を感じる場所があり、活用されていますか	

巻末資料

掲示物	☐ 時計や絵画、カレンダー等は、入居者の目線にあうように、掲示されていますか	
	☐ 家で飾らない折り紙や掲示物が貼られていませんか	
起床・就寝	☐ 起床・就寝は、入居者個々の生活習慣や意向を尊重して行われていますか	
	☐ 着替えは、入居者個々の生活習慣や意向を尊重して行われていますか	
	☐ 洗面は、入居者個々の生活習慣や意向を尊重して行われていますか	
	☐ 口腔ケアは、生活習慣や意向を尊重し、プライバシーに配慮して行われていますか	
食事	☐ キッチンまわりには、入居者や家族が使いやすい家電製品を配置していますか	
	☐ テーブルやいすの高さは、個人の体格にあわせていますか	
	☐ それぞれの入居者が、個人所有の食器を使用していますか	
	☐ 個人持ち以外の食器は、素材・デザイン等に配慮し、樹脂系の使用は極力避けていますか	
	☐ 個人所有の食器はユニットで洗浄し、食器棚で管理していますか	
	☐ 個人の障害やニーズにあわせた食事を提供していますか	
	☐ ユニットで炊飯をしていますか	
	☐ ユニットで盛り付けをしていますか	
	☐ 食事や飲み物の温度は個人の好みにあわせ提供していますか	
	☐ 個人所有の食品やユニット管理の食品はありますか	
	☐ ユニットのキッチンを炊飯以外で活用していますか	
	☐ 服薬の基本情報がユニットで閲覧できる仕組みになっていますか	
	☐ 入居者の服薬について、医療職と相談できる体制がありますか	
	☐ 入居者の調理行為について、職員が理解していますか	
排泄	☐ 入居者個々の排泄データをとり、データを根拠としたケアを行っていますか	
	☐ 排泄ケアとわからない工夫をしていますか	
入浴	☐ 入浴は、マンツーマンによる介助が行われていますか	
	☐ 入浴は、入居者個々の生活主観や意向を尊重して行っていますか	
	☐ 使用する浴槽は、入居者の身体状態やニーズにあわせた選択をしていますか	
身体の状態	☐ 入居者のバイタルサインの測定頻度とデータ活用の取り決めがありますか	
	☐ バイタルサイン測定のデータはユニットで閲覧できる仕組みになっていますか	
家族・地域	☐ 入居者や家族には、施設の理念と方針をしっかりと説明し、理解を得るようにしていますか	
	☐ 入居者や家族の意見や相談を聞く体制と仕組みがありますか	
	☐ 家族とコミュニケーションを図るための仕組みと工夫がされていますか	
	☐ 家族は好きなときに訪問や宿泊ができる仕組みになっていますか	
クラブ活動・行事・外出	☐ 入居者のニーズを把握したサークルやクラブ活動を企画していますか	
	☐ サークル・クラブ活用の講師は、地域資源を活用していますか	

巻末資料

	☐ 行事等に、入居者全員が強制的に参加する仕組みになっていませんか	
	☐ 入居者が自由に外出できる仕組みがありますか	
ユニット費	☐ ユニットごとにユニット費を設けていますか	
	☐ ユニット費は、現場職員の裁量で使用できる仕組みがありますか	
組織体制	☐ 各職員の基本的な役割が明確になっていますか	
	☐ 施設の方針に沿った人材育成制度が整備されていますか	
	☐ 施設内では研修や教育担当者が決まっていますか	
	☐ 施設の理念に基づいたユニットごとの目標を定めていますか	
	☐ 各種委員会が組織的な体制のなかで確立・機能していますか	
記録の整備	☐ 各専門職が同じ形式に記録をしていますか	
	☐ 記録は家族が理解できる言葉で書かれていますか	
	☐ 他の入居者や訪問者の前で記録を書かないように徹底していますか	
	☐ 記録はユニットで保管していますか	
	☐ 本人や家族から希望があれば、サービス提供の記録等を開示していますか	
情報共有の仕組み	☐ 会議やミーティングを定期的に開催していますか	
	☐ 会議やミーティングは、業務時間内に行われていますか	
各職種の役割	☐ 対応が難しかったり、終末期の入居者に、管理者が必要に応じてかかわっていますか	
	☐ 管理者は、施設全体の様子を把握するために、ユニットへ足を運んでいますか	
	☐ 管理者は、家族との信頼関係を構築するように努めていますか	
	☐ 管理者は、地域住民やボランティアと密接な関係を構築するように努めていますか	
	☐ 中間管理職は、すべての入居者の情報の把握に努めていますか	
	☐ 中間管理職は、リーダーシップを発揮し、問題解決に努めていますか	
	☐ 中間管理職は、研修体系の構築等を適切に修正・変更するように努めていますか	
	☐ 中間管理職は、介護リーダー会議や職員ミーティングを主導していますか	
	☐ 介護リーダーは、担当するユニットの入居者の暮らしの情報を把握していますか	
	☐ 介護リーダーは、上司や他部署と意見交換・連絡調整を行っていますか	
	☐ 介護リーダーは、ユニット会議(ミーティング)を主導していますか	
	☐ 介護リーダーは、ユニットの人員配置や労働時間を把握していますか	

執筆者一覧

秋葉　都子　　　　一般社団法人日本ユニットケア推進センター　センター長
　　　　　　　………………はじめに、序論、第1～4章序文、1-93「考え方」「実施に向けたチェックポイント」「Q」の部分

（項目中「効果」「ヒント」の部分）

片村　元	特別養護老人ホームちくりんの里　施設長	1-3
福本　京子	医療法人笠松会有吉病院　ケア部長	4-7
清水　義人	特別養護老人ホーム八色園　前施設長	8-9
五十棲　恒夫	特別養護老人ホーム天神の杜・第二天神の杜　総施設長	10-14
日比野　浩之	元・特別養護老人ホーム岩崎あいの郷　施設長	15-18
安田　正義	特別養護老人ホームかざこしの里　総合施設長	19-23
山口　匡彦	特別養護老人ホーム清明庵　施設長	24-28
荻野　光彦	社会福祉法人真寿会　副理事長	29-31
山野　良夫	社会福祉法人伯耆の国　理事長	32-33
千葉　功貴	特別養護老人ホーム天神の杜　施設長	34-37
跡部　尚子	特別養護老人ホームくわのみ荘　理事長	38-42
長伊　温子	介護老人福祉施設花友いちはら　施設長	43-46、48-50
古谷田　紀夫	社会福祉法人プレマ会みなみ風　施設長	47、51
甲斐　さち子	特別養護老人ホーム三納の里　施設長	52-53、57
梅津　鋼	特別養護老人ホームちょうふ花園　施設長	54-56
栗原　文男	特別養護老人ホーム至誠キートスホーム　施設長	58-65
内海　史江	特別養護老人ホーム一重の里　施設長	66-67
世古口　正臣	特別養護老人ホーム美里ヒルズ　施設長	68-72
本間　友也	特別養護老人ホームおおやま　施設長	73-81
村上　和之	社会福祉法人愛正会　常務理事	82-89
亀井　道信	特別養護老人ホーム天恵荘　施設長	90-93

個別ケア・ユニットケアのための
介護サービス向上ハンドブック
―― 組織運営がうまくいく20の視点

2016年4月1日 初版発行
2016年12月1日 初版第2刷発行

編　集　　秋葉都子
発行者　　荘村明彦
発行所　　中央法規出版株式会社
　　　　　〒110-0016　東京都台東区台東3-29-1　中央法規ビル
　　　　　営　　業　TEL 03-3834-5817　FAX 03-3837-8037
　　　　　書店窓口　TEL 03-3834-5815　FAX 03-3837-8035
　　　　　編　　集　TEL 03-3834-5812　FAX 03-3837-8032
　　　　　http://www.chuohoki.co.jp/

装丁・本文デザイン　　　松田行正＋杉本聖士
本文イラスト　　橋爪かおり
印刷・製本　　長野印刷商工株式会社

定価はカバーに表示してあります。
ISBN 978-4-8058-5328-3

本書のコピー、スキャン、デジタル化等の無断複製は、著作権法上での例外を除き禁じられています。また、本書を代行業者等の第三者に依頼してコピー、スキャン、デジタル化することは、たとえ個人や家庭内での利用であっても著作権法違反です。
落丁本・乱丁本はお取り替えいたします。